Spielen und lernen nach der PEKiP-Zeit

ab dem 2. Lebensjahr

Anne Pulkkinen

› SERVICE

DIE AUTORIN

Anne Pulkkinen ist Erzieherin und Diplom-Pädagogin (univ.) und seit über 20 Jahren in der Familien- und Erwachsenenbildung tätig. Seit 1986 hat sie als PEKiP-Gruppenleiterin viele Eltern und ihre Babys durch das erste Jahr begleitet. Heute bildet sie zusätzlich auch PEKiP-Gruppenleiterinnen aus.

Seit mehr als zehn Jahren hat Anne Pulkkinen viele Mini-Clubs (Eltern-Kind-Spielgruppen für Ein- bis Dreijährige) mit begleitenden Elternabenden geleitet. Sie hält Vorträge und gibt Kurse zu Erziehungsthemen, wie Kinderängste, Trotzphase, Sauberkeitserziehung, Sexualerziehung, Vorbeugung vor sexuellem Missbrauch. Zu ihrem Betätigungsfeld gehören außerdem Beratungsgespräche für Eltern.

Anne Pulkkinen wurde 1957 in Finnland geboren, lebt seit 1978 in Deutschland und ist Mutter von zwei Kindern.

Zwei Worte zuvor

Für Kinder ist Spielen so wichtig wie Essen und Schlafen: Es ist ihnen ein Grundbedürfnis, mit Begeisterung und Neugier alles zu erkunden und zu erforschen. In den ersten sechs Lebensjahren spielt ein Kind etwa 15.000 Stunden! Mehr denn je sind Kinder heute darauf angewiesen, dass in der Familie gespielt wird – sie brauchen Eltern, die Zeit haben, ihnen die Welt erklären, die Zuhörer, Mitgestalter, Mitspieler sind. Im gemeinsamen Spiel können sich Eltern an der Entwicklung, den Gedanken und Entdeckungen ihres Kindes freuen. Ebenso brauchen Kinder auch andere Kinder als Spielpartner.
Viele Eltern fragen in den PEKiP-Gruppen fürs erste Jahr, was sie nach dieser schönen Zeit mit ihren Kindern spielen können. Darauf gibt es hier jede Menge Antworten. Meine langjährige PEKiP-Kollegin Anne Pulkkinen hat für dieses Buch viele Spiele und Anregungen aus ihrer Praxis in der Kleinkindarbeit entwickelt und zusammengetragen: einige Spiele bis zum sicheren Laufen des Kindes und viele darauf aufbauende, kreative und abwechslungsreiche Spielideen mit Kindern bis zu drei Jahren – lebendig, klar und anwendbar. Viel Spaß beim gemeinsamen Spielen und Lernen zu Hause nach der PEKiP-Zeit!

Gertrud Scherer, Diplom-Pädagogin (univ.) und PEKiP-Gründerin

Aus meiner langjährigen Praxis mit Eltern und ihren Kindern – und aus eigener Erfahrung – weiß ich um die »Stolpersteine«, die im spannenden zweiten und dritten Lebensjahr auf dem Weg liegen. In diesem Buch erfahren Sie, dass es sich dabei um Meilensteine in der Entwicklung Ihres Kindes handelt. Aber auch viele weitere Entwicklungsthemen werden hier vorgestellt.
Die Spiele, Bastelideen und Lieder haben schon vielen Eltern und Kindern Freude bereitet – und werden Sie und Ihr Kind bis zu seinem dritten Geburtstag (und darüber hinaus) mit schönen Spielstunden bezaubern.
Auch ich wünsche Ihnen viel Spaß beim gemeinsamen Spielen und Lernen – mit bleibenden schönen Erinnerungen an diese verzaubernde Kleinkindzeit!

Anne Pulkkinen

Vom ersten zum dritten Geburtstag

Der erste Geburtstag Ihres Kindes steht bevor, oder die Feier fand erst vor kurzem statt. Jetzt ist genau der richtige Zeitpunkt sich zurückzuerinnern, was vor etwa einem Jahr war: die Geburt Ihres Babys! Sie werden wahrscheinlich von starken Gefühlen überwältigt, von den Erinnerungen an Schwangerschaft und Geburt. Vielen Müttern, die eine lange und schmerzhafte Entbindung erlebt haben, fällt es nun leichter zurückzublicken.

Entwicklung begleiten

Blättern Sie im Fotoalbum: Schwangerschaft, Geburt, das erste Jahr. Erinnern Sie sich, wie Ihr Neugeborenes auf Ihrem Bauch lag? Wie Ihr Kind Sie das erste Mal anlächelte, wie Sie seine winzige, warme Hand in Ihrer spürten? Auch das gemeinsame Baden oder Planschen haben Sie bestimmt nicht vergessen – ebenso die schlaflosen Nächte, Stillprobleme, schmerzhaftes Zahnen … Sicher sind im Album auch einige Fotos von gemeinsamen PEKiP-Spielen – zu Hause oder in der PEKiP-Gruppe (siehe Seite 49). Jetzt kennen Sie Ihr Kleines besser: Sie wissen etwa, wie das Weinen zu deuten ist und was Ihr Kind gerade will. Der Tagesablauf ist überschaubarer und planbarer geworden: Sie haben mittlerweile nur in Ausnahmefällen mittags noch den Bademantel an. Das Neugeborene hochzunehmen war anfangs abenteuerlich – jetzt toben Sie mit Ihrem Einjährigen! Zur guten und sicheren Bindung gehört auch Loslösung: Ihr Kind ist selbstständiger geworden – Schritt für Schritt.

Entwicklung ist individuell

In Zeiten des PISA-Schocks und der zahlreichen, teils widersprüchlichen Informationen aus den Medien sind Eltern mehr denn je verunsichert. Die am häufigsten gestellte Frage bei einem Kinderarztbesuch lautet im ersten Lebensjahr: »Entwickelt sich mein Kind altersgemäß?« Diese Frage bleibt weiterhin – bis zum Schulanfang und darüber hinaus – aktuell. Meist wird sie mit »Ja« beantwortet, zur großen Erleichterung der Eltern. Viele Eltern lassen sich jedoch durch Bemerkungen anderer beunruhigen: »Läuft dein Kind denn immer noch nicht?« – »Spricht es schon Zwei-Wort-Sätze?« – »Ist es schon sauber?« – »Kann es schon die Treppe hochsteigen ohne sich festzuhalten?« Es ist erstaunlich, dass viele Verwandte, Bekannte oder auch völlig Fremde ganz genau zu wissen glauben, wie schnell sich ein Kind entwickeln sollte und in welcher Reihenfolge die Entwicklungsschritte stattfinden müssen. Es gibt sicher zu keiner anderen Wissenschaft so viele Laienäußerungen wie zur Entwicklungspsychologie! Dabei sind Kinder genauso wie Erwachsene individuelle Persönlichkeiten, die sich in ihrem eigenen Tempo entwickeln: dem Tempo, das genau zu ihnen passt.

INFO

ERSTER GEBURTSTAG

Ein Baby versteht noch nicht, dass es seinen ersten Geburtstag hat. Es kann überfordert sein, wenn viele Gäste kommen und eine Menge Geschenke mitbringen. Eine Kerze in aller Stille, ein einfacher Kuchen und ein leicht auszupackendes Geschenk – das Bändchen ist wahrscheinlich das Interessanteste – bringen Babys Augen zum Leuchten! Deswegen feiern viele Mütter und Väter diesen ersten Geburtstag zu zweit: Wenn das Baby im Bett liegt, genießen sie ein schönes Essen, ein Glas Sekt – und die Erinnerungen ans erste Jahr mit Baby. Ihren zweiten und dritten Geburtstag können Kleinkinder schon bewusst erleben – und dann sollte auch kindgerecht gefeiert werden. Bei den ersten drei Geburtstagspartys werden die Gastkinder in der Regel von einem Elternteil begleitet. Die Spiele in diesem Buch eignen sich hervorragend für diese Feiern. Lassen Sie jeweils ein etwas wilderes und ein ruhigeres Spiel einander abwechseln. Der Geburtstagskuchen sollte gut aus der Hand zu essen sein. Und für die Zahl der kleinen Gäste gilt: Laden Sie so viele Kinder ein, wie das Geburtstagskind alt wird – höchstens eins mehr.

Was heißt eigentlich Entwicklung?

Die Zeiten sind vorbei, als diskutiert wurde, ob die ererbte Veranlagung oder die Umwelt allein entscheidend für die kindliche Entwicklung sei. Heute weiß man: Jedes Kind bringt für seine Gesamtentwicklung einen inneren Plan mit, der in seinen Genen gespeichert ist. Damit das Kind all seine Fähigkeiten entfalten kann, ist es aber wichtig, dass es von Anfang an liebevoll begleitet und gefördert wird. Neben Nahrung und Pflege brauchen Kinder dabei vor allem das Gefühl, geborgen und in ihrer individuellen Persönlichkeit angenommen zu sein. Veranlagung und Förderung gehen Hand in Hand.
Ihr Kind bringt also viele Kompetenzen und Voraussetzungen bereits mit, es braucht aber Ihre Unterstützung und Begleitung auf dem Weg zu einem ausgeglichenen, sozialen und glücklichen Erwachsenen. Eine verantwortungsvolle Aufgabe für alle Eltern. Einmal Eltern – immer Eltern!

Wichtig: die eigene Motivation des Kindes unterstützen

Nach der heutigen Definition von Entwicklung ist neben Erbanlagen und Umwelt die eigene Motivation des Babys und Kindes von Bedeutung. Die eigenen Motive und Bedürfnisse beeinflussen die Gesamtentwicklung: Schon ein kleines Baby hat den inneren Drang, sich zu entwickeln. Auch Kleinkinder möchten möglichst selbstständig in den Bereichen sein, in denen sie etwas können. Wenn sie etwa das Runterspringen einigermaßen beherrschen, wollen sie überall runterspringen: vom Sofa, vom Bett, von der Treppe, von der Mauer … Kinder möchten gern von jeder neuen Fähigkeit – in diesem Fall dem Runterspringen – ausgiebig Gebrauch machen. Das stärkt ihr Selbstwertgefühl, denn sie erkennen: »Ich kann etwas.« Ein wichtiges Erziehungs-Prinzip!

Schritt für Schritt nach vorn – aber auch mal zurück

Kinder haben den inneren Drang, die nächsthöhere Entwicklungsstufe zu erklimmen: Wenn sie laufen gelernt haben, wollen sie diese neue Fähigkeit unter erschwerten Bedingungen ausprobieren und verfeinern – zum Beispiel indem sie auf dem Rinnstein oder einem schmalen Mäuerchen zu balancieren versuchen. Wenn sie aber mal krank sind, fallen sie häufig für kurze Zeit auf eine frühere Stufe zurück: Krabbeln.

Entwicklung und Erziehung

Um sich optimal zu entwickeln, brauchen Kinder vielfältige Möglichkeiten zu erfahren, dass sie etwas bewirken können: Mit Fingerfarben entsteht ein buntes Bild – welch ein Lernerfolg! Neben der Freiheit sich zu entfalten, brauchen die Kleinen aber auch klare Grenzen: Die Socken werden nun mal nicht mit schwarzer Schuhcreme poliert – auch wenn das Kind damit nur das Schuheputzen der Erwachsenen nachahmt. Den Unterschied zwischen Schuhen und Socken kennt es noch nicht. Es ist Ihre Aufgabe als Eltern, Ihrem Kind geduldig, liebevoll und konsequent solche »Feinheiten« zu erklären.

Soziale und emotionale Entwicklung

Kinder sind soziale Wesen von Anfang an. Für ihre Entwicklung brauchen sie geeignete Kontakte. Im ersten Lebensjahr sind diese vor allem durch Bezugspersonen wie Mutter, Vater, Oma und Opa … gewährleistet.
Untersuchungen von Prof. Dr. Hans Ruppelt, einem der Begründer des PEKiP, zeigen, dass Babys ab dem dritten Monat Kontakt miteinander aufnehmen. Sie sehen sich an, lächeln, berühren sich, spielen mit dem gleichen Gegenstand. Bald werden diese Begegnungen vielfältiger. Erste echte Freundschaften entstehen: Schon Zweijährige haben bestimmte Vorlieben bezüglich Gleichaltriger aus dem Bekanntenkreis. Kinder spielen mit ihresgleichen anders als mit Erwachsenen – und brauchen beides für ihre Entwicklung.

VORSORGETERMINE FÜR ALLE KINDER

WICHTIG!

Bis ins 14. Lebensjahr gibt es kostenlose Untersuchungen, bei denen der Kinderarzt prüft, ob sich Ihr Kind altersgemäß entwickelt. Schreiben Sie Ihre Fragen auf, damit Sie nichts vergessen. Falls Sie wegen einer akuten Krankheit Ihres Kindes den Arzt aufsuchen, notieren Sie, was Ihnen der Arzt empfiehlt.

U1	gleich nach der Geburt	U2	3. bis 10. Tag
U3	4. bis 6. Woche	U4	3. bis 4. Monat
U5	6. bis 7. Monat	U6	10. bis 12. Monat
U7	21. bis 24. Monat	U8	3,5 bis 4 Jahre
U9	5 Jahre	U10	(J1) 12 bis 14 Jahre

Die Entwicklungsschritte im zweiten und dritten Jahr

Die Entwicklung im Kleinkindalter, also im zweiten und dritten Lebensjahr, verläuft in der Regel – wie im ersten Jahr – in einer bestimmten Reihenfolge. Allerdings legt dabei jedes Kind sein ganz individuelles Tempo vor. Sicher haben Sie Ihr Baby im ersten Jahr mit anderen Kindern im selben Alter verglichen. Alle Eltern tun dies! Sie haben zum Beispiel bemerkt, dass Babys zu unterschiedlichen Zeitpunkten lernen, sich vom Rücken auf den Bauch zu drehen. Die Reihenfolge der Entwicklungsschritte war aber bei allen Babys die gleiche, denn das Umdrehen auf den Bauch ist eine Voraussetzung fürs spätere Krabbeln. Statt sich darauf zu konzentrieren, was andere Kinder vielleicht schon besser können, sollten Eltern mehr darauf achten, was ihr eigenes Kind kann. Hilfreich ist also nicht der so genannte defizitäre Blick, der das in den Mittelpunkt rückt, was noch fehlt – vielmehr sollten Eltern »mit den Pfunden wuchern« und stolz auf jede neue Fähigkeit ihres Kindes sein.

Etwa jedes zehnte Kind überspringt eine Entwicklungsstufe oder erreicht sie viel später als andere. Ausnahmen sind also ganz normal. Sind Sie allerdings einmal sehr verunsichert, fragen Sie bitte Ihren Kinderarzt! Er hat Verständnis für Ihre Sorgen, wird Sie aber in den meisten Fällen beruhigen können.
Als Orientierungshilfe finden Sie auf den folgenden Seiten Informationen zur Entwicklungsreihenfolge im zweiten und dritten Lebensjahr – aber keine Zeitangaben für die Entwicklungsschritte. Denn noch mehr als im ersten Jahr hat auch jedes Kleinkind sein eigenes Tempo. Bei der Spielauswahl (ab Seite 52) orientieren Sie sich am Entwicklungsstand Ihres Kindes – nicht am Alter.

Großmotorik – große Bewegungen

Früher wurde in der motorischen Entwicklung, also der Bewegungsentwicklung, zwischen Grob- und Feinmotorik unterschieden. Heute setzt sich die Bezeichnung Großmotorik mehr und mehr durch: Die Bewegungen sind groß, etwa im Vergleich zu den feinen Handbewegungen, aber keineswegs grob, denn auch hier wird das Zusammenspiel der Muskeln fein aufeinander abgestimmt.

Aufrecht gehen: ein Meilenstein

Die meisten Kinder beherrschen das Stehen in der aufrechten Position um den ersten Geburtstag herum. Vorwärts geht es bei den meisten zunächst noch krabbelnd – und zwar flink! Wenn sie die aufrechte Position entdeckt haben, versuchen die Kleinen sich an Seitschritten, bei denen sie sich mit beiden Händen an einem Möbelstück festhalten. Sich nur mit einer Hand festzuhalten und in der anderen ein Spielzeug zu tragen ist schon abenteuerlich! Viele schieben jetzt gern einen Puppenwagen vorwärts (siehe »Kistenrennen« Seite 54).

Erste Schritte »in freier Wildbahn«

Die ersten freien Schritte machen Kinder häufig auf der »Kurzstrecke« zwischen Sofa und Couchtisch. Bei diesen ersten breitbeinigen und wackligen kleinen Spaziergängen muss das Kind noch seine Arme ausbreiten, um sein Gleichgewicht zu unterstützen. Die ersten Schritte sind ein sehr aufregendes Erlebnis für Eltern und Kind! Viele Mütter und Väter haben dann das Gefühl, dass nun nichts Beeindruckenderes mehr kommen kann …

TIPP

GROSSE SCHRITTE IN GROSSEN SCHUHEN!

Zwei- und Dreijährige lieben es, Erwachsenenschuhe auszuprobieren: Läuft etwa ein zwei Jahre alter Junge in den Schuhen seines Vaters, ist er für diese Zeit der Papa und übt schon mal die männliche Rolle. Auch im Kindergartenalter bleibt das ein beliebtes Rollenspiel: Große Schuhe – große Leute!

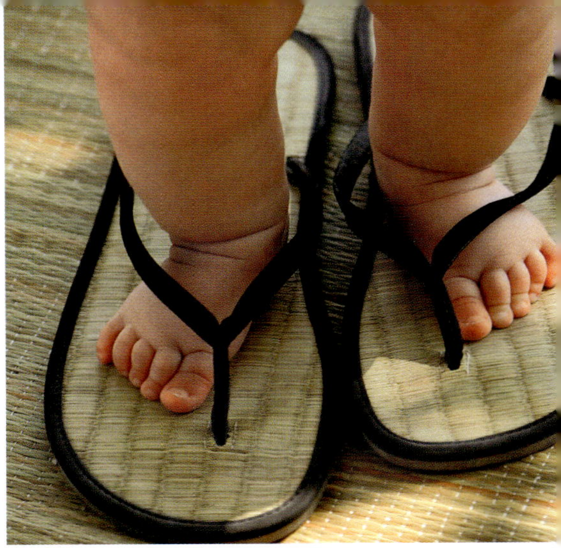

Sicher laufen – eine Kunst!

Bis ein Kind sicher laufen kann, muss es viel lernen. Die ersten Schritte ähneln eher dem schnellen Laufen. Langsam gehen, stoppen, die Richtung ändern und Kurven laufen kommen später dazu. Noch mehr Geschick fordert Fußballspielen: Ihr Kind läuft auf ein Ziel (den Ball) zu, macht kurz davor einen größeren Schritt und versucht den Ball zu treten. Gar nicht so einfach, dabei das Gleichgewicht zu halten! Viele Zweijährige können auch schon fünf Schritte rückwärts gehen.

Treppauf – treppab

Ihr Kind kann jetzt die Treppe selbstständig hinaufsteigen, wobei es sich am Geländer festhält – erst mit beiden Händen, später reicht eine. Anfangs setzt es immer das gleiche Bein auf die nächste Stufe und zieht das andere nach. Treppab gehen ist noch schwieriger! Erfahrung macht den Meister …

Zu Ende des dritten Lebensjahres geht Ihr Kind stolz Treppen hinauf und hinab – ohne Festhalten. Von der untersten Stufe kann es beidbeinig runterspringen (»Bergsteigen«, siehe Seite 68). Es kann mit beiden Beinen vom Boden hochspringen. Auf einem Bein stehen ist noch schwierig, wird aber eifrig trainiert.

Bergsteigen üben

Sobald ein Baby krabbeln gelernt hat, will es nach oben: sich an Mama hochziehen, auf die Matratze und das Sofa klettern. Für Zweijährige ist es dann kein Problem mehr, auf einen Stuhl zu klettern um etwas vom Tisch zu holen. Noch höher hinaus wollen die älteren: Das Bücherregal reizt sie. Spüren Sie deshalb in Ihrer Wohnung mögliche Gefahren auf und setzen Sie die nötigen Grenzen!

Den natürlichen Bewegungsdrang unterstützen

Viele Menschen leben heute in kleinen und hellhörigen Wohnungen – das schränkt den natürlichen Bewegungsdrang der Kinder ein. Die Bewegungsspiele in diesem Buch können Sie aber auch auf kleinem Raum machen! Viele davon eignen sich außerdem gut für draußen. Der Spielplatz, eine Wiese im Park oder eine extra ausgeschilderte Spielstraße bieten Raum zum Austoben. Da Bewegung wichtig für die Gesamtentwicklung ist, sollten Sie die Bewegungsfreude Ihres Kindes fördern. Oft warnen Eltern: »Pass auf, das ist gefährlich!« – »Nicht so hoch!« – »Nicht hüpfen, das stört die Nachbarn!« … Natürlich müssen Sie auf echte Gefahren achten und ein gewisses Maß an Rücksicht gewährleisten. Bedenken Sie aber: Ein Kind, das von Anfang an vieles ausprobieren darf, erkennt Gefahren eher und kann sich selbst besser einschätzen. Die meisten Unfälle passieren Kindern, die übervorsichtig und deren Eltern eher ängstlich sind! Lassen Sie Ihr Kind auf dem Spielplatz das Klettergerüst erklimmen. In der Regel wird es nur so hoch klettern, dass es allein zurückkommt. Und was die Nachbarn betrifft: Kinder, die sich oft draußen austoben, schalten zu Hause eher mal freiwillig einen Gang runter …

Individueller Bewegungsdrang

Die meisten Ein- bis Dreijährigen sind in ihrem Bewegungsdrang kaum zu bremsen. Manche Kinder haben dagegen nicht so ein starkes Bedürfnis nach Bewegung. Schon unter Babys gibt es »Entdecker« und »Denker«. Versuchen Sie nicht, Ihr Kind zur Bewegung zu zwingen – die gemeinsamen Spiele sollen Spaß machen! Überlegen Sie sich für kürzere Wege Alternativen zum Auto. Der Medienwissenschaftler Neil Postman spricht von »Autokindheit«: Kinder werden oft herumkutschiert – und verlernen die Freude an Bewegung.

TIPP

MIT FAHRZEUGEN UNTERWEGS

Viele Kinder bekommen zum ersten Geburtstag ein Rutschauto, mit dem sie bald durch die Wohnung sausen. Ab etwa zwei Jahren ist als nächstes Gefährt das Dreirad zu empfehlen. Vor dem Fahrradfahren, am besten ohne Stützräder, sollte das Kleinkind auf einem Tretroller oder auch einem Holzlaufrad (Spielwaren- oder Fahrradgeschäft) üben, in Fahrt die Balance zu halten.

Feinmotorik: Handgeschicklichkeit

Das Neugeborene hatte fast die ganze Zeit die Hand zur Faust geballt. Das Einjährige beherrscht bereits den Zangengriff: Mit gebeugtem Zeigefinger und Daumen kann es ganz kleine Sachen auflesen. Mit einem Jahr hält es in jeder Hand zwei Gegenstände, schlägt sie aneinander und zeigt mit dem Finger auf Details: »Da!«

Kleine Ball- und Baumeister

Mit beiden Händen wird ein Ball aufgefangen und weggeworfen – auch das Loslassen musste vorher geübt werden. Mit drei Jahren werfen Kinder den Ball über den Kopf nach oben, wobei sie ihn anfangs nach hinten loslassen.
Dass sich in der Feinmotorik vieles tut, zeigen die Fortschritte im Turmbau (siehe Seite 88). Stolz präsentiert die Zweijährige ihr Meisterwerk: den Turm aus drei Klötzen. Der Dreijährige ist ebenso stolz auf seinen noch höheren Turm.

› Welch eine Entdeckung: »Ich kann schon ohne Mamas Hilfe meinen Brei löffeln!«

Trinken und essen: »Das kann ich bald allein!«

Allein aus einer Tasse zu trinken fördert nicht nur die Handgeschicklichkeit – auch die Hand-Augen-Koordination entwickelt sich weiter.
Anfangs geht einiges am Mund vorbei. Lassen Sie Ihr Kind aber so oft wie möglich allein trinken – so gewinnt es an Selbstständigkeit. Gleiches gilt fürs Essen mit dem Löffel: Je früher Sie Ihrem Kleinen den Löffel in die Hand geben, umso eher lernt es selbstständig zu essen. Die »Sauerei« unterm Babystuhl bleibt anfangs nicht aus – ein Wachstuch oder Ähnliches erleichtert das Saubermachen.

Hinein, hinaus und mittendurch

Mit gut einem Jahr (gelegentlich auch schon viel früher) können Kinder kleine Gegenstände in kleine Öffnungen stecken: Rosinen verschwinden in einer Flasche. Später kann der kleine Entdecker die Rosinen zurückerobern, indem er die Flasche umkippt – eine beachtliche Denkleistung!
Große Perlen auf eine dicke Schnur fädeln macht Zweijährigen großen Spaß. Was Einjährige noch mit geringem Erfolg geübt haben, klappt jetzt perfekt: Wasser von einem Becher zum anderen gießen, ohne es auszuschütten!

Papier ist toll: Junge Künstler am Werk

In der Entwicklung des Malens (Vorstufe zum Schreiben) machen Kinder ab dem zweiten Lebensjahr enorme Fortschritte. Meist sehen Erwachsene kaum Unterschiede zwischen den Werken eines Zweijährigen und eines Dreijährigen! Das Einjährige umklammert den Stift fest mit der Faust und kritzelt aufs Papier: Jetzt entdeckt es den Spaß am Malen und will das von sich aus oft tun. In den folgenden Monaten hält es den Stift fast richtig und macht große Kreisbewegungen damit. Dreijährige malen schon runde Formen und können kleinere Flächen ausmalen. Die Kunstwerke werden oft nachträglich benannt: Zuerst ist es ein Müllauto (die Müllabfuhr war eben da), im nächsten Moment zeigt das Bild den Papa (Papa kam gerade nach Hause)! Einige Dreijährige zeichnen auf Bitten den Papa oder die Mama – als Kopffüßler: Ein runder Kopf bekommt Arme und Beine.
Zweieinhalbjährige falten auch gern Papier, aber noch keine Schiffe oder Frösche! Dreijährige können Buchseiten einzeln umblättern und mit der Schere recht gerade schneiden. Auch die Herstellung von Schnipseln beflügelt sie.

Knopf auf!

Auch beim An- und Ausziehen ist die Feinmotorik gefragt. Im zweiten Lebensjahr kann ein Kind den Reißverschluss selbstständig öffnen: am liebsten bei anderen, etwa an einer Tasche oder am Pullover des Vaters. Kleidungsstücke wie Socken oder Gummibundhose kann es schon selbst ausziehen. Jackenknöpfe aufmachen ist übrigens leichter als zumachen.

Denken, verstehen und sprechen

Mit einem Jahr sagen etwa die Hälfte der Kinder »Mama« und »Papa« – und ordnen die Worte den Personen richtig zu. Doch schon vor dem Sprechenlernen verstehen Babys sehr viel mehr Wörter – wie ja auch der passive (verstehende) Wortschatz der Erwachsenen größer ist als der aktiv benützte.
So rasant wie im ersten Jahr wird die Gesamtentwicklung nie mehr sein – aber die Sprachentwicklung zwischen dem ersten und dritten Geburtstag ist ebenfalls nicht zu toppen: Mit einem Jahr spricht Ihr Kind Einwortsätze, mit zwei Jahren Zweiwortsätze und mit drei Jahren Dreiwortsätze mit fast richtiger Grammatik (siehe Seite 21)! Sie können sich mit Ihrem Zweijährigen gut verständigen – wenn es nicht gerade einen Trotzanfall hat – und mit Ihrem dreijährigen Kind schon richtige Diskussionen führen. Für das erste und zweite Fragealter (siehe Seite 32) gilt: Sie werden es überleben. Und durch die wissensdurstige sprachliche Auseinandersetzung Ihres Kindes mit der Welt können auch Sie diese mit neuen Augen entdecken. Die schöne Blume am Straßenrand hätten Sie wahrscheinlich übersehen, wenn Ihr Kleines Sie nicht gefragt hätte: »Is'n des?« Sie werden nun das »Spazierenstehen« kennen lernen: Der kurze Weg zum Spielplatz ist gespickt mit Beobachtungs- und Entdeckungspausen!

INFO

SOZIALER KONTAKT – VORAUSSETZUNG FÜRS SPRECHEN

- Vielleicht kennen Sie die Geschichte von Kaiser Friedrich dem Zweiten (1194–1250), der die menschliche »Ursprache« entdecken wollte. Dazu ließ er etliche Kinder von Ammen aufziehen. Diese waren für Ernährung und Körperpflege zuständig – mit den Kindern zu sprechen oder zu kuscheln war streng verboten. Die »Ursprache« fand der wahnsinnige Kaiser nie (und alle Kinder starben im Verlauf des Experiments).
- Von den so genannten »wilden Kindern« oder »Wolfskindern«, die wie Tiere allein in der Natur aufgewachsen waren, hatte keines eine Sprache entwickelt.
- Die beiden Beispiele zeigen, dass Kinder Zuwendung und soziale Erfahrungen brauchen, um die Sprache zu erlernen. Nur unter diesen Voraussetzungen können sie ihre mitgebrachten biologischen Fähigkeiten nutzen: Das Hören und die Verarbeitung des Gehörten in den beiden Sprachzentren im Gehirn.

Bilderbücher eignen sich besonders, um die Sprachentwicklung zu fördern.

Denken und Sprache

Was war zuerst da – das Denken oder die Sprache? Wir können, so wird meist angenommen, nicht ohne Wörter denken. Das trifft auf Erwachsene ja auch zu. Jedoch denken Kinder schon, bevor sie die Sprache aktiv gebrauchen: Im ersten und zweiten Lebensjahr sind Denken und Tun zeitlich eng verknüpft. Das acht, neun Monate alte Baby weiß zum Beispiel, dass jemand kommt, wenn es laut weint – man spricht hier von vorausschauendem Denken. Das Einjährige holt seine Schuhe und zeigt sie der Mama: Es möchte spazieren gehen. Im dritten Lebensjahr kann das Kind sich dann etwas bildhaft vorstellen – und die sprachlichen Fähigkeiten wachsen. Antworten auf zahlreiche Fragen zu erhalten (siehe Seite 32) und Bilderbücher vorgelesen zu bekommen ist Nahrung für Sprache, Denken und Fantasie.

Ein »fantastischer« Freund ...

Die Entwicklung der erfinderischen Vorstellungskraft macht jetzt einen großen Sprung. Häufig haben Kinder jetzt einen für andere unsichtbaren Freund, für den die Eltern sogar bei jeder Mahlzeit einen Teller auf den Tisch stellen müssen. In der Fantasiewelt des Dreijährigen ist dieser Freund lebendig: Es spielt mit ihm und spricht ihn mit einem Namen an. In diesem Rollenspiel, das sie oft bis ins Schulalter beibehalten, erproben Kinder soziale Situationen »in Sicherheit«. Sie brauchen sich in den meisten Fällen weder Sorgen zu machen, noch müssen Sie dieses Verhalten extra unterstützen – den Teller können Sie sicher akzeptieren, solange kein extra Schnitzel gebraten werden soll! Allerdings: Taucht Ihr Kind völlig in seiner Fantasiewelt unter und nimmt keinen Kontakt zu Altersgleichen auf, könnte das eine Flucht vor realen Problemen bedeuten.

Sprache verstehen

Bis zu fünf Monaten lallen alle Babys auf dieser Welt im so genannten Baby-Esperanto – ob ihre Eltern nun deutsch, koreanisch oder finnisch sprechen. Auch gehörlose Babys erzeugen die gleichen Laute wie ihre Altersgenossen. Schon vor dem ersten Geburtstag können Babys vielen Personen und Gegenständen ihre Namen zuordnen. Sie verstehen auch kleine Aufforderungen, wie »Bring mir den Ball!« oder »Bitte – Danke!«. Das berühmte »Nein« kennen sie ebenfalls schon – auch wenn es nicht immer den gewünschten Effekt hat. Achten Sie mal darauf, wie Sie Nein sagen: Ihr Gesichtsaudruck und das Verbot müssen zusammenpassen!
Mit etwa zwei Jahren versteht das Kind schon längere Sätze wie: »Wenn wir zur Oma gehen, gibt es einen Kuchen.« Es kennt die meisten Körperteile und benennt sie auch richtig (siehe Seite 37). Im Bilderbuch zeigt es auf das von der Mutter genannte Tier und benennt es richtig (zuvor eher nach Tierlauten). Als erstes räumliches Verhältniswort lernt das Baby im zweiten Lebenshalbjahr »in«. Mit der Hand hat es das Innere eines Bechers erforscht und so die dritte Dimension, die Tiefe (nach Länge und Breite) kennen gelernt. Jetzt lernt es das Wort »in« vielfältig zu verwenden: »Die Milch ist im Kühlschrank« bereitet ihm keine Probleme mehr – höchstens wegen des zu hohen Türgriffs!
Mit zwei Jahren versteht ein Kind das Wort »auf«, danach »unter« und »hinter«. Mit etwa drei Jahren hat es die Bedeutung des Wortes »vor« verinnerlicht. »Gib mir den Ball!« versteht es nicht so gut wie »Gib Mama den Ball!«.

»Sag's noch mal, Baby«: Reime und Verse

Führende (Sprach-)Wissenschaftler haben die Bedeutung alter Kinderreime für die Sprachentwicklung wieder entdeckt. Kinder lieben kleine, einfache Reime und Verse und können sie erstaunlich früh auswendig sagen. Auch wenn manche Reime in den Ohren der Erwachsenen recht unheimlich oder deftig klingen: Kinder stört das nicht. Bei »Hoppe, hoppe Reiter« wird etwa zum Schluss der Reiter von Raben gefressen oder fällt in den Sumpf – zusammen mit der entsprechenden Bewegung empfinden Kinder dabei so genannte Wonneangst. Dass sie beim Reimen auf Künstlerfreiheit bestehen, kann Eltern manchmal in Verlegenheit bringen, wie im Fall des zweieinhalbjährigen Sängers Tobias: Er sang schön laut »Spannenlanger Hansel, nudeldicke Dirnen …«!

Sprechen lernen

Das Verstehen der Sprache entwickelt sich früher als das Sprechen. Mit etwa einem Jahr, spätestens mit 18 Monaten sprechen Kinder ihre ersten Wörter: »Mama«, »Papa«, »Auto« … Zuvor und auch danach benutzen sie ein für Erwachsene unverständliches Kauderwelsch: Sie ahmen Rhythmus und Tonfall der Sprache ihrer Bezugspersonen nach. Nach dem universellen Baby-Esperanto ist jetzt ist der deutsche, koreanische, finnische Sprachklang deutlich zu hören. Besonders wenn Kinder in erste Rollenspiele (Nachahmen) vertieft sind, benutzen sie diese Sprechweise. Oft meinen die Eltern sich selbst reden zu hören!

Erste Wörter und Ein-Wort-Sätze

Die ersten Wörter ihres Kindes sind für Eltern nicht immer leicht zu verstehen: »put« kann »kaputt« bedeuten, aber auch »Zähneputzen«. Oft gibt's Ärger, wenn der Papa es nicht gleich richtig interpretiert: Das Kind hat sich doch für seine Begriffe klar ausgedrückt. Die Eltern lernen als Erste die undeutlichen Wörter zu übersetzen und unterscheiden – für Außenstehende meist ein Rätsel!

SPRACHLICH KORRIGIEREN – JA ODER NEIN?

TIPP

Eltern neigen dazu, falsche Wörter oder falsch gebeugte Verben zu korrigieren. »Wie heißt es richtig?« ist aber kein Ansporn für die Sprachentwicklung. Sagt Ihr Kind »Ane«, und Sie wissen, dass es eine Banane meint, sagen Sie: »Du möchtest eine Banane, hier bitte«. Wenn Sie fordern: »Sag Banane!«, ist Ihr Kleines verwirrt – denn es hört sich selbst richtig reden. Auch stotternde Kinder hören sich übrigens richtig sprechen!

Auf »Ich trinkte Milch« reicht Ihre Bestätigung: »Du trankst Milch. Schmeckte es gut?« Kinder lernen unsere Sprache nicht nur durch Nachahmung – sonst müssten sie jedes Wort und jede Beugung vorher gehört haben. Sie erkennen vielmehr bestimmte Regeln und lernen sie anzuwenden. Erstaunlicherweise benützen Dritt- und Viertklässler die Zeitformen der Verben im normalen Sprachgebrauch oft genau richtig, nur wenn sie danach in der Schulaufgabe gefragt werden, kommen sie durcheinander: Aus »trank« wird »trinkte«!

Erst wenn Ihr Kind über das vierte Lebensjahr hinaus mit fehlerhafter Grammatik spricht oder stottert, müssen Sie dies therapeutisch abklären lassen.

INFO

DRUNTER UND DRÜBER

Wenn Sie Ihrem Zweijährigen sagen: »Dein Teddybär liegt auf dem Stuhl«, muss es schon einiges gelernt haben, um Sie zu verstehen: Es muss wissen, welches Möbelstück unter den vielen ein Stuhl ist und welcher Gegenstand im Zimmer sein Teddy ist. Es sucht den geliebten Bären auch nicht hinter dem Stuhl, sondern hat schon die Vorstellungskraft, um zu wissen, was »auf dem Stuhl« bedeutet. Dies ist vergleichbar mit dem Erlernen einer Fremdsprache!
Sagt Ihr Kind selbst den Zweiwortsatz »Teddy Stuhl«, kann dies vieles bedeuten: »Der Teddy sitzt auf dem Stuhl« oder » ... schläft auf dem Stuhl«. Oder auch: »Ich will auf dem Stuhl sitzen, Mama soll den Bären wegtun!« Da Kinder in diesem Alter glauben, dass andere genauso denken wie sie selbst (egozentrisches Denken), werden sie wütend, wenn Mama nicht tut, was sie meinen, gesagt zu haben.

Nach den ersten Wörtern kommen die Ein-Wort-Sätze. »Auto« kann jetzt bedeuten: »Papa ist gerade mit dem Auto gekommen.« Oder: »Wo ist mein neues Auto?« Oder: »Ein Auto ist vorbeigefahren.« Kinder, die früh laufen gelernt haben, sagen Ein-Wort-Sätze oft später. Sie verfeinern jetzt das Laufen: Hüpfen, Springen, Balancieren … Das Sprechenlernen gerät zunächst in den Hintergrund.

Zwei-Wort-Sätze

Wenn die Kleinen 20 bis 50 Wörter beherrschen, beginnen sie Zwei-Wort-Sätze zu bilden. Dies geschieht (in neun von zehn Fällen) mit zwei Jahren, spätestens mit dreieinhalb Jahren. Jetzt kann Ihr Kind zwei Bedeutungen kombinieren: »Anna essen« heißt, dass Anna Hunger hat und essen will. Nun kann es auch unterscheiden und sprachlich ausdrücken, welchem Familienmitglied was gehört: »Mama Schuhe«, Peter Hose« und »Katze Teller« sind Meilensteine in der Persönlichkeits- und Ich-Entwicklung. Das Kind kann sich von anderen unterscheiden. Bis es von sich in der Ich-Form redet, dauert es aber noch eine Weile.

Drei-Wort-Sätze

Mit etwa drei Jahren bilden neun von zehn Kindern Drei-Wort-Sätze mit Subjekt, Objekt und Verb: »Anna Saft haben« oder »Peter Pipi machen«. Danach geht es rasant voran. Die grammatikalischen Regeln lernen Kinder zwischen dem zweiten und vierten Geburtstag (je nach Entwicklungstempo und sprachlicher Förderung). Der Aufbau der Sätze gelingt dann korrekt: »Ich will essen, weil ich hungrig bin.« Auch die Formen der Wörter werden richtig verwendet: die Maus – die Mäuse (vorher die Mause), ich laufe – ich lief (vorher laufte).

Ein Fortschritt nach dem anderen

Wenn Sie Ihrem knapp Zweijährigen beim Frühstück sagten: »Heute Nachmittag gehen wir zum Spielplatz«, dachte es, dass es gleich losginge. »Heute Nachmittag« war noch ohne Bedeutung. Jetzt, mit etwa drei Jahren, verstehen Kinder solche Zeitbegriffe. Viele Kinder spielen nun mit der Sprache: Sie ersetzen zum Beispiel ein Wort aus einem bekannten Reim durch ein erfundenes Wort – und freuen sich, wenn die Erwachsenen darüber lachen.

PEINLICH, PEINLICH? NEHMEN SIE'S LEICHT!

TIPP

- Kleinkinder sagen unverblümt genau das, was sie meinen. Das kann den Eltern gelegentlich unangenehm sein: Etwa wenn ein zweieinhalbjähriges Kind vor völlig fremden Leuten sagt: »Papa pups!« Vielleicht hat es gerade selbst so ein Geräusch erzeugt und sich erinnert, so etwas bei Papa mal gehört zu haben.
- Schimpfwörter schnappen die Kleinen nur zu gern auf ... Ein niedlich gesagtes »Seise« kann das Gegenüber zum Lachen bringen – was das Kind natürlich noch anspornt! Aber machen Sie sich keine übertriebenen Sorgen: Spätestens im Kindergarten wird Ihr Kind lernen, dass solche Wörter nicht erwünscht sind.
- Zweijährige sind fasziniert, wenn sie erfahren, dass Babys im Bauch wachsen. So zeigen sie etwa in der Straßenbahn auf alle dicken Bäuche und verkünden freudig: »Baby Bauch!« – egal ob es sich um eine Frau oder einen Mann handelt. Nehmen Sie solche Situationen mit Humor, das beugt dem Rotwerden vor!
- Vergleichende Untersuchungen haben bewiesen, dass in fast allen Kulturen und Sprachen die »schmutzigen« Wörter, die aus dem Anal- und Genitalbereich hergeleitet werden, große Faszination auf Zwei- bis Fünfjährige ausüben – je nach sprachlicher Entwicklung und je nachdem, ob es ältere Geschwister oder Spielkameraden gibt. Das heißt nicht, dass Sie solche Ausdrücke dulden sollten. Dabei hat der Satz »Ich will es nicht hören!« bessere Chancen als »So was sagt man nicht!«. Dass Kinder übrigens die Bedeutung vieler Wörter gar nicht verstehen, zeigt das Beispiel eines Dreijährigen, der mit einem erhobenen Zeigefinger zu seinem Spielkameraden sagte: »Du Mixer!«

Spielentwicklung: spielend die Welt erobern

Mia stellt zwei Kinderstühle hintereinander. Auf dem hinteren Stuhl sitzt ihr Teddy. Mia hat eine Einkaufstasche in der Hand und setzt sich auf den vorderen Stuhl. Neben ihr sitzt ihre Puppe. Mia sitzt relativ lange. Auf einmal steht sie auf und bringt den Teddy weg. Auf den Stuhl kommt ein anderes Stofftier. Mia sitzt noch eine Zeitlang neben ihrer Puppe, steht dann auf und geht in der Wohnung umher, mit der Puppe im Arm. Sie füllt ihre Tasche mit allen möglichen Sachen und kehrt zu den Stühlen zurück. Wieder ein anderes Tier nimmt auf dem hinteren Stuhl Platz, auf den vorderen setzt sich Mia – die Puppe wieder daneben. Irgendwann steht Mia auf, geht zu ihrem Tisch und leert die Tasche aus. Die Stühle holt sie dazu und setzt sich hin.
Was tat Mia? Die zwei Stühle waren ein Bus, in dem sie mit ihrem Kind in die Stadt fuhr und Einkäufe machte. Die Tiere waren fremde Fahrgäste, die ein- und ausstiegen. Alles genau wie gestern beim Einkaufen mit Mama!
Kinder beobachten ihre Umwelt genau: Was tun Mama und Papa im Haus? Was geschieht beim Einkaufen? Eine Straßenbahnfahrt wird zur Entdeckungsreise. Auch Gesichter und Gesten sind interessant – so erkennt das Kind Gefühle anderer. Die vielen Wahrnehmungen bilden zuerst ein Chaos. Dieses Chaos versucht das Kind im Spiel zu überblicken, zu ordnen und zu verarbeiten.

Nächste Ausfahrt: Kinderzimmer! Im Spiel verarbeiten Kinder die Erlebnisse des Tages.

Jetzt du, Papa!

Die Rollenspiele entwickeln sich weiter: Nun fordert das Kind andere zum Rollenspiel auf. Zum Beispiel hält es dem Papa den Telefonhörer ans Ohr: Papa soll mit der Oma telefonieren. Eine enorme Vorstellungsleistung! Das Kind freut sich über das imaginäre Gespräch – das es als echt wahrnimmt!
In dieser Phase der Spielentwicklung sind die Eltern gefragte »Spielobjekte« und Spielpartner: Sie werden gekämmt, mit der Flasche und dem Löffel gefüttert und mit dem ersten Sandkuchen (zunächst noch in der Form) überrascht. Später spielen Kinder in der gleichen Weise mit ihrem geliebten Teddy oder ihrer Puppe – ein weiterer Entwicklungsschritt.

Ganze Situationen nachspielen

Gegen Ende des zweiten Lebensjahres spielen die meisten Kinder Sequenzen des Alltags nach. »Essen« und »Schlafengehen« werden als wichtige Abschnitte des Tages besonders gern nachgespielt und verarbeitet. Das Kind kocht im Puppenkochtopf das Mittagessen, deckt den Tisch, rührt das Essen noch mal um und stellt es auf den Kindertisch. Dann holt es die Puppe und setzt sie auf den Stuhl. Die Puppe isst jetzt – zwar mit Hilfe des Kindes, aber in seiner Vorstellung isst sie allein. Manchmal wird geschimpft, wenn etwas danebengeht – auch das eine Verarbeitung des Alltags.
Zwischen dem dritten und fünften Jahr, je nach sprachlicher Entwicklung und Vorhandensein von Spielgefährten, werden andere Kinder einbezogen. Beliebt sind das berühmte »Vater-Mutter-Kind-Spiel« und »Einkaufen« mit verteilten Rollen.

TIPP

INNERE BILDER UND VORSTELLUNGEN

- Schon ein neun bis zwölf Monate altes Baby ahmt die Erwachsenen nach: Es telefoniert gleichzeitig mit der Mama. Später fällt ihm diese Tätigkeit wieder ein, und es holt sein Spieltelefon. Es hat also innere Vorstellungen von Gegenständen und Tätigkeiten.
- Symbolvorstellungen sind Nahrung für Denken und Sprechen. Die Banane wird zum Telefon. Man kann sie erst nach dem Spiel essen: Telefone isst man bekanntlich nicht!
  In ihrem Bus-Spiel (siehe Seite 24) benutzte Mia die Stühle ebenfalls als Symbole.

Aus dem Erziehungsalltag

Im zweiten und dritten Lebensjahr entwickelt Ihr Kind immer mehr seine Persönlichkeit. Auf diesem Weg liegen vermeintliche Stolpersteine, die den Alltag für beide Seiten erschweren. In Wirklichkeit sind diese Entwicklungsschritte aber Meilensteine! Nicht die Kinder sind schwierig, sondern wir haben Schwierigkeiten, mit diesen wichtigen Entwicklungsphasen umzugehen.

Die Trotzphase: »Nein! Will nicht!«

Eine Geschichte aus dem Alltag: Wie gewohnt nutzt die Mutter der zweijährigen Lara die Wickelmöglichkeit im Einkaufszentrum. Als sie Lara die neue Windel anziehen will, verkündet die Kleine aus heiterem Himmel: »Lara keine Windel. Will nicht!« Lara tobt, schreit und schlägt um sich. Beim Verlassen der Wickelkabine begleiten die Mutter viele misstrauische Blicke.

Der Einkauf im benachbarten Supermarkt dauert zwar nicht lange. Laras Hose wird aber nass! Dann fällt ihr noch ein, dass sie keine Gummistiefel braucht, und sie zieht sie aus. Da es zwar drinnen trocken ist, aber draußen nass, besteht die Mutter darauf, dass Lara die Stiefel wieder anzieht. Der nächste Wutanfall nimmt seinen Lauf – noch lauter als der vorige! Die Mutter packt das schreiende Bündel unter einen Arm, in der anderen Hand trägt sie die volle Einkaufstüte. Selbstverständlich reißt diese auch prompt!
Manch ein Pechtag hat ein glückliches Ende: Eine fremde Frau, die diese Situation beobachtet hat, kauft an der Kasse eine neue Tüte und gibt sie Laras Mutter. Durch diese neue, interessante Wendung in der Geschichte wird Lara plötzlich wieder »normal« – ganz selbstverständlich zieht sie ihre Stiefel an und hilft beim Umpacken. Die nasse Hose stört sie zum Glück nicht (sie hat noch eine Regenhose darüber)! Die Mutter schämt sich aber und erteilt sich selbst ein zeitweises »Hausverbot« für dieses Einkaufszentrum!
So knüppeldick kommt es natürlich nicht jeden Tag und meist auch nicht in der Öffentlichkeit – aber auch kleinere Wutanfälle bringen Eltern gelegentlich an den Rand des (Ver-)Zweifelns: Machen wir etwas falsch? Warum nur ist aus der lieben kleinen Lara plötzlich ein um sich schlagendes kleines Monster geworden? Ein kleiner Trost: Mit der Zeit werden Sie die typischen Situationen, die bei Ihrem Kind Trotzanfälle auslösen, kennen lernen und nicht mehr so sehr davon überrollt werden: Anziehen, Zähneputzen, Schlafengehen, Einkaufen, Aufräumen, Essen, Wickeln, vom Spielplatz weggehen, Spazierengehen … Anlässe gibt es den ganzen Tag lang.

»Ich bin ich« – eine wichtige Erkenntnis

Die meisten Kinder befinden sich im Alter zwischen eineinhalb und zweieinhalb Jahren in dieser für die Eltern oft so anstrengenden Phase; der Beginn und die Dauer sind von Kind zu Kind unterschiedlich. Diese Zeit ist äußerst wichtig für Ihr Kind, denn es ist jetzt auf dem Weg zur Loslösung und entwickelt sein Selbstbewusstsein.
Kinder lernen in dieser Phase, dass sie etwas willentlich und bewusst tun können. Sie entdecken sich als eigenständige Person und lernen nun, von sich in der Ich-Form zu sprechen – nicht mehr in der dritten Person. Sie erkennen sich im Spiegel und auf Fotos und betrachten sich fasziniert.

Widersprüche

Das Trotzalter ist auch das Alter der Widersprüche, der Ambivalenz. Die Kleinen wollen groß sein, selbstständig etwas bewirken – haben aber Angst davor. Es ist schwierig für sie, sich zu entscheiden. Beispiel: Sie fragen Ihr Kind, ob es Apfel- oder Orangensaft möchte. In dem Moment, in dem es den gewünschten Apfelsaft bekommt, bereut es seine Entscheidung und glaubt, in Wirklichkeit Orangensaft gewollt zu haben. Oder es will nun den Saft aus dem blauen Becher statt aus dem Glas trinken und ihn außerdem selbst einschenken … Keine Sorge: Sie müssen Ihr Kleines nun nicht jedes Mal fragen, ob es Orangen- oder Apfelsaft aus einem Glas oder einem blauen oder roten Becher haben will oder doch lieber selbst einschenken will, oder ob es den Saft gar zuerst selbst aus dem Keller holen möchte … Die Unzufriedenheit Ihres Kindes kommt nicht daher, dass Sie etwas falsch machen. Ihr Kind will Sie auch nicht ärgern, sondern es orientiert sich in der Welt und macht wichtige eigene Erfahrungen.

INFO

TROTZ HEISST NICHT BOSHEIT

- Trotz hat mit Loslösung zu tun. Deswegen gibt es kindliche Trotzanfälle nur in Verbindung von Eltern und Kind. Die nächste Trotzphase heißt übrigens Pubertät! Trotz, auch treffend als Koller bezeichnet, hat nichts mit Bösartigkeit zu tun. Kinder toben zumindest anfangs auch nicht, weil sie etwas erreichen wollen.
- Wenn Sie als Mutter oder Vater souverän mit dem Getobe umgehen, kann Ihr Kleines den Weg aus dieser Verwirrung finden und den aufgewühlten Zustand sofort nach dem Anfall vergessen. Auf jeden Fall sollten Sie Ruhe bewahren. Es hilft nicht, wenn Sie dagegen trotzen und schreien. Während des Anfalls ist Ihr Kind nicht erreichbar – vor allem nicht sprachlich. Warten Sie ab, bleiben Sie in der Nähe, halten Sie Ihren kleinen Rebellen fest. Zählen Sie ganz ruhig bis 100!
- Machen Sie es sich nicht zur Gewohnheit, immer nachzugeben. Dann wird Ihr Kind lernen, seine Trotzanfälle gezielt einzusetzen (»fixierter Trotz«).
- Finden Sie einen vernünftigen Mittelweg. Ein zweijähriges Kind kann nicht alles selbst entscheiden: Wer mit Sandalen im Schnee spazieren geht, erkältet sich. Machen Sie Ihrem Kind das klar. Wünscht es sich dagegen, heute mal von Kopf bis Fuß in Grün angezogen zu sein, gehen Sie auf diese lustige Idee ruhig ein.

»Meins!« – teilen lernen

»Dich geb ich nie mehr her!« – vor dem Teilen kommt das Besitzen.

In der emotionalen Entwicklungsphase des zweiten und dritten Lebensjahres lernen Kinder mit dem »Ich« auch das Wort »meins«. Ihnen wird bewusst, dass sie etwas besitzen: »Dieser Ball ist mein Ball.« Ein anderer Eineinhalbjähriger sieht den Ball und hat sofort den einzigen Wunsch, mit diesem Ball zu spielen. Er nimmt ihn sich einfach – eine ganz normale Handlung. Das »Opfer« meint aber, dass sein Ball ganz weg ist, für immer. Geschrei ist angesagt!

»Opfer – Täter«

Sie fragen sich und diskutieren mit anderen Eltern, was bloß zu tun ist – einfach gewähren lassen, sich einmischen oder sogar strafen? Denken Sie daran: Keines der Kinder im Beispiel oben ist »böse« – weder der kleine Räuber noch der rechtmäßige Besitzer, der seinen Ball nicht teilen will. Erst gegen Ende des dritten Lebensjahres sind Kinder in der Lage, ihre Spielsachen mit anderen zu teilen. Zuerst müssen sie durch die Ich-Entwicklungsphase: »Ich bin ich. Ich habe Spielsachen. Meine Spielsachen bleiben meine, auch wenn ein anderes Kind damit spielt.« Vor dem Teilen kommt das Besitzen!

Überlassen Sie Ihr Kind in solchen Situationen nicht seinem Schicksal. Beobachten Sie zuerst die Reaktionen beider Kinder. Wenn Sie das Gefühl haben, für den kleinen Ballbesitzer ist es in Ordnung, dass der Ball weg ist, brauchen Sie sich gar nicht einzumischen. Gibt es dagegen Gebrüll, ist es wichtig, dass Sie die Gefühle des »Opfers« deutlich machen und eventuell schlichten: »Schau, er ist sauer, weil du den Ball einfach weggenommen hast! Frag doch, ob du ihn haben kannst!« Sie können auch hinzufügen: »Gib ihm doch deinen bunten Ball!« oder »Ihr könnt ja zusammen spielen!« Solche Alternativreaktionen sind nicht in die Wiege gelegt. Kinder brauchen unsere Begleitung, um die sozialen Kompetenzen, die fürs Zusammenleben wichtig sind, zu erlernen, zu erproben und zu verinnerlichen.

Geschwistereifersucht

Wenn das Erstgeborene ein- bis zweieinhalb Jahre alt ist, besteht bei vielen Eltern der Wunsch nach einem Geschwisterkind, oder die »Verstärkung« kündigt sich schon an. Das Zweijährige streichelt den immer runder werdenden Bauch der Mutter und spürt die Bewegungen des Babys: »Das Baby boxt mit mir – toll!« Sagen Sie Ihrem Kind aber nicht: »Du bekommst ein Geschwisterchen zum Spielen.« Damit würden Sie nur falsche Erwartungen wecken: Mit dem Neugeborenen kann Ihr älteres Kind nicht spielen, und das Krabbelbaby schubst oft den stolz gebauten Turm um!

»Ich mag dich, ich mag dich nicht ...«

Besonders wenn Ihr Kind gerade seine Ich-Entwicklung durchmacht (siehe Seite 27), wird es von widersprüchlichen Gefühlen begleitet, wenn die Familie Zuwachs bekommt. Manche Kinder reagieren anfangs liebevoll und fürsorglich auf das kleine Baby, aber nach Wochen zeigt sich Eifersucht, etwa in Sätzen wie »Bring das Baby wieder weg!«, »Wir brauchen kein Baby mehr!« Auch Beißen und Schlagen sind nichts Ungewöhnliches. Um Ihr Kind besser zu verstehen, stellen Sie sich einmal vor, Ihr Partner/Ihre Partnerin würde Ihnen eines Tages seine Geliebte/ihren Geliebten vorstellen und sagen: »Sie/Er bleibt jetzt bei uns.« Sicher wären Sie verletzt, schockiert, wütend ... So ähnlich fühlt es sich für Ihr Kind an, wenn das kleine Geschwisterchen auf den Plan tritt!

Mal Zärtlichkeit, mal Eifersucht: Geschwister haben ist nicht immer leicht!

EIFERSUCHT UNTER GESCHWISTERN

DAS HILFT ...

- Beziehen Sie Ihr Erstgeborenes in die Babypflege ein: Auch wenn es länger dauert, lassen Sie es öfter mal die Windel zumachen oder das Baby eincremen.
- Vielleicht verlangt Ihr Großes jetzt nach seinem alten Schnuller: Die widersprüchlichen Gefühle lassen es nicht los – bin ich nun schon groß oder noch klein? Einige Zweijährige wollen auch an der Mutterbrust trinken. Gönnen Sie ihm zwischendurch ruhig einmal diesen Genuss – bei dem es vor allem um Zuneigung und Zärtlichkeit geht. Zeigen Sie ihm Fotos aus seiner Babyzeit. Erzählen Sie, dass es den Strampelanzug, den jetzt das Geschwisterchen trägt, auch einmal anhatte ...

... UND DAS NICHT

Folgende Sätze verschlimmern die Eifersucht oder können sie sogar erstmals auslösen. Ein Tipp von einer betroffenen Mutter: Alle Sätze auf eine »Rote Karte« schreiben und diese an die Küchentür hängen!

- Sei ruhig, das Baby schläft doch!
- Ach schau doch, so ein nettes Baby!
- Vorsicht, du tust ihm weh!
- Ich habe jetzt keine Zeit, ich muss das Baby füttern!
- Das Baby ist viel braver als du!
- Deine Schwester/dein Bruder ist doch kleiner als du!
- Was ist los, warum schreit das Baby? Was hast du gemacht?
- Gib das Spielzeug dem Baby, es ist kleiner als du!
- Du bist doch kein Baby mehr!
- Du kannst dem Baby noch nicht die Flasche geben, du bist zu klein!
- Geh bitte weg, das mache ich selbst!
- Du bist so groß, du brauchst keinen Schnuller mehr.
- Du bist groß genug, dich selbst anzuziehen.

Die zwei Fragealter

Kinder erkunden ihre Welt auch dadurch, dass sie den Erwachsenen die berühmten »Löcher in den Bauch« fragen. Das geschieht in zwei Phasen.

Erstes Fragealter: »Is'n des?«

Die Fragen der ersten Fragephase sind meist leicht zu beantworten. Das Kind hat jetzt die benennende Funktion der Sprache erkannt: Alle Objekte haben einen Namen. Unermüdlich fragt es danach. Das kann natürlich nerven, vor allem wenn die Eineinhalbjährige der Mutter zum fünften Mal den Löffel zeigt und fragt: »Is'n des?« Versuchen Sie ruhig zu bleiben und zu antworten: »Es ist ein Löffel.« Ihr Kind braucht diese Wiederholungen, um das jeweilige Wort zu benutzen. Aus dem anfänglichen »Öffel« wird später der Löffel! Ihr Kind nervt Sie nicht bewusst. Die Fragerei ist wichtig für seine Sprachentwicklung.

Zweites Fragealter: Wieso, weshalb, warum?

Im zweiten Fragealter (bis gegen Ende des Kindergartenalters) wird es schwieriger zu antworten. Aus einer Frage kann eine endlose Fragenkette entstehen: Ein Zweieinhalbjähriger will am Sonntag einkaufen gehen. »Will einkaufen.« – »Das geht nicht.« – »Warum nicht?« – »Weil heute Sonntag ist.« – »Warum?« – »Weil der Sonntag nach dem Samstag kommt.« – »Warum?« – »Weil dies die Reihenfolge der Wochentage ist: Montag, Dienstag, …« – »Warum?«
Mit solchen Fragen will Ihr Kind Sie nicht ärgern, sondern es ordnet seine Welt. Dazu gehört auch das Erfragen von Gefühlen: »Warum weint das Kind?« – »Vielleicht hat es sich weh getan.« Für Kinder im Kindergartenalter ist diese Fragerei allerdings manchmal ein Spiel: Sie finden immer noch eine anschließende Warum-Frage und freuen sich, wenn die Eltern zum Schluss sichtlich genervt nur noch das berühmte »Weil die Banane krumm ist« sagen können! Was diese Phase noch schwieriger macht: Sie haben nicht immer eine Antwort! »Warum kann das Flugzeug fliegen? Es hat keine Flügel, die flattern können.« Um ein ehrliches »Ich weiß es nicht« kommen Sie oft nicht herum. Jetzt sind Bücher hilfreich (Seite 122), die solche Fragen altersgemäß beantworten. Es macht übrigens Spaß, sich gemeinsam mit dem Kind »fortzubilden«!

Sauberkeitserziehung: Stress mit dem Topf

Im Frühsommer, wenn der Kindergartenbesuch ab Herbst sich ankündigt, beginnt in vielen Familien der Stress: Die Windel muss bis August oder September weg, wenigstens tagsüber. Am Telefon fragen Mütter ihre Freundinnen nach Tipps oder berichten von Fehlschlägen. Achtung: Ihr Kind hört und versteht alles, auch wenn es anscheinend in sein Spiel vertieft ist!
Als man noch mühsam Stoffwindeln waschen musste, wurden fast alle Babys schon kurz vorm ersten Geburtstag auf den Topf gesetzt – oft mit dem erhofften Erfolg, der aber nur durch »Training« zustande kam und kein bewusster Akt der Kleinen war. Zudem hatten viele Kinder Rückfälle oder spielten mit ihrem Kot. Heute weiß man, dass Kinder erst ab dem 18. Lebensmonat bewusst spüren, dass Blase oder Darm voll sind. Anfangs sind Spüren und Loslassen zeitgleich: Ihr Kind hält kurz inne und sagt dann »Pipi!« Schon ist es passiert! Es dauert noch, bis es Darm- und Blasenfunktion kontrollieren kann: den Druck spüren, den Topf aufsuchen, Hose(n) runterziehen, hinsetzen – und entspannt loslassen!

> Lassen Sie Ihr Kind selbst entscheiden, ab wann es den Topf benutzen will.

Ab wann der Topf?

Wenn Ihr Kind den Drang, Blase oder Darm zu entleeren, etwas kontrollieren kann und die Mittagsschlafwindel ab und zu trocken bleibt, sollten Sie den Topf oder einen Toilettenaufsatz besorgen. Ein weiteres Anzeichen für den Beginn der windelfreien Zeit: Ihr Kind beobachtet Sie mit Interesse im Toilettengang. Oder es verlangt von sich aus nach einem Topf. Vielleicht kaufen Sie auch gleich einen Mini-Topf für den Teddy! In der Regel kommt die Kontrolle des Darms übrigens früher als die der Blase.

Sommerzeit – windelfreie Zeit!

Viele Kinder werden in den Sommermonaten sauber und trocken – wie etwa der zweieinhalbjährige Andy, der im Camping-Urlaub stolz an einem Baum Wasser lassen durfte. Wenn anfangs immer wieder etwas »in die Hose geht«, ist die nasse Hose nicht so unangenehm und gefährlich wie im Winter. Am besten ist es, wenn Ihr Kind im Garten oder im Urlaub viel nackt herumlaufen kann. So spürt es, dass etwas Nasses an den Beinen herunterläuft. Und wenn das kleine oder große »Geschäft« im Topf landet, loben Sie Ihr Kleines. Es ist sein eigenes Produkt, auf das es stolz ist! Wenn Sie »Igitt!« rufen und den Topfinhalt sofort in der Toilette runterspülen, verunsichern Sie Ihr Kind. Möglicherweise weigert es sich dann, den Darminhalt herzugeben!

»Sauberwerden« und Trotzphase

Kinder, die zu streng erzogen werden und nichts allein entscheiden dürfen, behalten oft willentlich den Darminhalt zurück und leiden als Folge unter Verstopfung, die in diesem Fall nichts mit der Ernährung zu tun hat. Beugen Sie vor, indem Sie Ihr Kind entscheiden lassen, ab wann es den Topf benutzen kann und will. Und vergessen Sie nicht, es immer wieder dafür zu loben!

EXTRA

MANTSCHEN GEGEN VERSTOPFUNG

Eine Mutter berichtete, dass sie wegen Verstopfung ihres dreieinhalbjährigen Sohnes beim Kinderarzt war. Mit der Ernährung schien alles in Ordnung zu sein. Der Arzt riet der Mutter, dem Kind viele Möglichkeiten zu geben mit Matsch, Fingerfarben und Knetmasse zu hantieren. Nun erzählte die besorgte Mutter, dass sie von früh bis spät mit Ihrem Sohn Würste knete und alles noch schlimmer geworden sei. Sie hatte unwillentlich das Thema Verstopfung voll in den Mittelpunkt gestellt und den Rat des Arztes im Übermaß befolgt. Leider hatte ihr der Arzt nicht gesagt, was hinter seiner durchaus sinnvollen Empfehlung steckte: Kinder brauchen in dieser Phase die Erfahrung, dass sie mal schmutzig sein können und dass sie etwas Eigenes produzieren dürfen, das nicht wie der Kot gleich weggeworfen wird. Übertreiben sollte man es damit aber nicht!

Sexualerziehung – schon jetzt?

Man muss nicht bei Adam und Eva beginnen, um interessante Einblicke in den Wandel der Sexualerziehung zu erhalten. Es reicht ein Ausflug zum Anfang des vorigen Jahrhunderts. Sexualpädagogik wird im Brockhaus-Lexikon von 1924 definiert als »Grundsätze und Maßnahmen der Eltern, der Schule und der Ärzteschaft, die Jugend vor den Gefahren des Geschlechtslebens zu bewahren«.
Die Sexualerziehung von offizieller Seite bestand lange meist in einer einmaligen »Aufklärungsstunde« in der Schule, in welcher der Lehrer mit hochrotem Kopf den Schülern die grundlegenden Informationen vortrug.
Die 60er und 70er Jahre forderten im Gegensatz dazu eine freie Sexualität. Über den Orgasmus zu reden sollte genauso normal sein wie der Austausch eines Kochrezeptes. Kinder sollten auch im Kindergarten nackt sein dürfen.
Heute wird Sexualerziehung als Erziehung zur Liebesfähigkeit verstanden. Dazu gehören Stichworte wie Liebe, Zärtlichkeit, Natürlichkeit, Intimität, Grenzen setzen, Respektieren des natürlichen Schamgefühls. Wir wissen heute, dass Kinder von Anfang an Sexualwesen sind: Sie haben Lustempfindungen (die mit unserer Erwachsensexualität nicht zu vergleichen sind). Heutige Sexualerziehung bejaht die sexuelle Entwicklung des Kleinkindes und nimmt seine sexuellen Äußerungen (etwa wenn es sich selbst Lust verschafft) und Fragen (»Mami, warum hast du keinen Penis?«) ernst.
Je nach Alter sind unterschiedliche Körperbereiche Quellen für Lustempfindungen. Entsprechend werden die Phasen der sexuellen Entwicklung benannt.

Orale und kutane Phase

Das erste Jahr wird orale und kutane Phase genannt. Das Baby empfindet Lust durch Saugen – nicht nur an der Mutterbrust. Früher sagte man »Wonnesaugen« dazu. Alles wird in den Mund genommen. Neben den Lustempfindungen beruhigt und befriedigt dies das Baby. Später, wenn etwa ein Geschwisterkind zur Welt kommt, fällt das ältere Kind oft auf diese Stufe zurück: Es lutscht wieder am Daumen. Durch »Vitamin Z(ärtlichkeit)« wird das Bedürfnis nach Hautkontakt (kutan) erfüllt. Dieses Bedürfnis bleibt lebenslang erhalten!
Wenn diese erste Phase der sexuellen Entwicklung für das Baby glücklich verläuft, kann es Urvertrauen aufbauen, was für sein ganzes Leben wichtig ist.

Anale Phase

Im zweiten Lebensjahr beginnt die anale Phase. Die Ausscheidungsorgane sind jetzt Quelle von Lustgefühlen. Das Kind lernt willentlich Harn und Kot loszulassen oder festzuhalten (siehe Seite 33). Es möchte selbst entscheiden, wann es auf den Topf will. Dieser lustbetonte Vorgang des Loslassens und Festhaltens ist ein wichtiger Lernschritt auf dem Weg zur Selbstständigkeit. Eltern sollten den Begriff »Topftraining« also aus ihrem Sprachgebrauch streichen!
Wird ein Kind geschimpft, wenn der Inhalt seiner Windel oder des Topfes stinkt, kann das übertriebene Schamhaftigkeit zur Folge haben – und das Sexualleben im Erwachsenalter beeinträchtigen. Das Kind bekommt das Gefühl: Alles was mit dem unteren Körperbereich zu tun hat, ist schmutzig.

Genitale Phase

Diese Phase beginnt in der Regel mit zweieinhalb bis drei Jahren – je nachdem, wann die Ich-Entwicklung abgeschlossen ist (Ende der Trotzphase, siehe Seite 27). Die Entwicklungsstufe dauert bis Ende der Kindergartenzeit.
Das Kind entdeckt jetzt bewusst seine Genitalien und stellt fest, dass dies eine lustspendende Zone ist. Auch sein Interesse an fremden Körpern wächst. Es möchte andere Kinder und seine Eltern nackt sehen und beobachtet interessiert, dass Erwachsene anders aussehen als es selbst.
Sie müssen sich nicht extra für Ihr Kind ausziehen oder mit ihm zum FKK-Strand gehen. Geben Sie Ihrem neugierigen Kleinen im normalen Familienalltag Möglichkeiten, Sie nackt zu sehen, etwa nach dem Duschen. Dabei lernt es nebenbei auch, dass Nacktheit etwas Natürliches und nichts »Unanständiges« oder Peinliches ist. Wenn Sie sich immer scheuen, sich Ihrem Kind ohne Kleidung zu zeigen, könnte es Ihnen gehen wie dem Papa der wissbegierigen zweijährigen Sabrina: Sie hatte ihren Papa noch nie nackt gesehen – durch seine eigene strenge Erziehung war er in dieser Beziehung eher gehemmt. Eines Tages »erwischte« Sabrina den nackten Papa doch mal auf dem Weg zur Dusche. Sie zeigte auf sein Geschlechtsteil und rief erstaunt: »Papa A-a haben!«
Auch bewusstes lustvolles Onanieren (schon Säuglinge onanieren, aber zufällig) und Doktorspiele gehören in diese Phase. Sie müssen diese Verhaltensweise nicht bewusst fördern. Wichtig ist, zu wissen, dass das Onanieren normal ist.

DER KLEINE UNTERSCHIED

TIPP

Erklären Sie Ihrem zweieinhalbjährigen Kind, dass es ein Mädchen ist und eine Scheide hat oder dass es ein Junge ist und einen Penis hat. Kinder beginnen in diesem Alter sich für das andere Geschlecht zu interessieren. Sie vergleichen sich und merken, dass bei den Jungs an einer gewissen Stelle etwas zu sehen ist, bei den Mädchen dagegen nicht.
Ein Mädchen meint oft, ihr wächst »so was« nach. Ein Junge kann dagegen fürchten, dass ihm sein Penis weggenommen wird. Der Junge hat Angst vor Verletzung (siehe Seite 40) und muss sicher sein, dass ihm nichts weggenommen wird. Vermeiden Sie also bitte Scherze wie: »Gleich schnapp ich dir was weg!«
Dass Mädchen es genau wissen wollen, zeigt das Beispiel der zweieinhalbjährigen Kathi: Drei Familien mit etwa gleichaltrigen Kindern grillten im Garten, es war heiß, die Kinder waren nackt. Kathi sah, wie ein Junge an den Baum pinkelte. Sie nahm sich ein Würstchen und stellte sich ebenfalls breitbeinig an den Baum; das Würstchen diente ihr dabei symbolisch als Penis. Übrigens reichte ihr diese eine Erfahrung: Beim Hinhocken blieben im Gegensatz zur Variante mit Würstchen und Baum die Beine angenehm trocken!

Sprechen Sie mit Ihrem Kind

Die Fragen bezüglich Körperlichkeit und Sexualität im ersten Fragealter (siehe Seite 32), das meist mit der analen Phase zusammenfällt, sind noch ziemlich leicht zu beantworten: »Is'n des?« – »Es ist ein Tampon.« Die Fragen des zweiten Fragealters sind schwieriger. »Mami, du blutest. Bist du krank?« – »Nein, ich bin nicht krank, ich habe diese Blutung einmal im Monat. Alle Frauen haben sie. Man nennt sie Monatsblutung oder Periode.«

So lernt Ihr Kind Grenzen wahrzunehmen

Mit der Zeit lernt Ihr Kind, was zum intimen Bereich gehört: Es beobachtet zum Beispiel, dass Sie nicht nackt oder im Bikini zum Bäcker gehen. Ihre behutsamen Erklärungen helfen ihm ebenfalls, diese Grenze wahrzunehmen: »Ich habe gemerkt, du hast ein schönes Gefühl, beim Hoppe-Hoppe-Reiter-Spiel, das solltest du für dich selbst nur in deinem Zimmer machen. Ist ganz für dich.« Wenn Sie Ihrem Kind diese Unterschiede klarmachen, passiert es auch nicht mehr so leicht, dass es beim Einkaufen Ihre Bekannte fragt: »Mama hat Peribode. Du auch?«

Fragen gezielt beantworten

Eine Filmszene: Ein Vater mit zwei kleinen Söhnen im Wartezimmer des Arztes. Eins der Kinder fragt: »Papa, warst du dabei, als ich in Mamas Bauch kam?« – »Ja , ich war dabei. Weiß du, es ist so ...« Es folgen endlose Erläuterungen. Die Kinder spielen mit den Spielsachen, hören nicht mehr zu, aber der Vater erzählt und erzählt. Dabei hat der Junge nur gefragt, ob der Papa anwesend war – mehr nicht. Weitere Fragen wären später gekommen. Versuchen Sie immer nur genau darauf zu antworten, was Ihr Kind gefragt hat. Ist das neue Wissen verdaut, kommt ohnehin die nächste Frage. Oder die gleiche noch mal: Wochen später, wenn das Kind sich in seinem Denken weiterentwickelt hat.
Das Gleiche gilt auch für die wohl am meisten gefürchtete Frage: »Wie kam ich in deinen Bauch rein?«

Nicht alle Kinder fragen, aber alle haben Fragen!

Je früher Sie Ihrem Kind all diese Dinge erklären, umso leichter ist es! Zehnjährige wollen es nicht mehr von ihren Eltern hören, sondern sich ihr Wissen lieber auf dem Schulhof und im Freundeskreis aneignen – dann aber leider meist in einer wenig respektvollen Sprache (siehe Kasten Seite 23)!
Nicht alle Kinder fragen direkt nach, aber alle haben Fragen! »Wo war ich, als ich noch nicht hier war?« oder »Sind Sterne die Kinder des Mondes?« sind Hinweise darauf, dass Ihr Kleines wissen will, wie es in Mamis Bauch gekommen ist. Sehr behutsam können Sie auch »Türöffner« verwenden, etwa wenn eine Bekannte oder die Erzieherin schwanger ist: »Weißt du eigentlich, wie die Babys in den Bauch kommen?« Bilderbücher (siehe Buchtipps Seite 122) helfen Ihnen bei der kindgerechten Wortwahl.

»Wer, wie, was ...?« – Durch Fragen und Antworten entwickelt Ihr Kind sein Denken weiter.

SEXUELLEM MISSBRAUCH VORBEUGEN

- Sexuellen Missbrauch gab es immer – darüber zu reden war lange tabu und ist es teilweise immer noch. Sexualpädagogen wissen, dass unzureichend informierte Kinder eher zu Opfern von sexuellen Straftaten werden. Sie fordern, dass Kinder von Anfang an die Bezeichnungen für alle Körperteile kennen lernen und spätestens zu Schulbeginn wissen, wie Babys in den Bauch kommen.
- Nehmen Sie die Gefühle Ihres Kindes ernst. Wenn Ihr fremdelndes Baby weint, weil Oma es auf den Arm nehmen will, sagen Sie nicht: »Es ist doch nur Oma!« Sonst lernt Ihr Baby: »Mein Gefühl, meine Angst wird nicht ernst genommen.« Sätze wie »Halb so schlimm!« oder »Ein Indianer kennt keinen Schmerz« verstärken dies noch. Von unangenehmen Berührungen, die es (meist durch einen Täter aus dem Bekanntenkreis) erfahren hat, wird Ihr Kind dann nichts erzählen!
- Seien Sie allgemein nicht zu streng zu Ihrem Kind. Sonst traut es sich nicht mehr Ihnen zu erzählen, wenn jemand es »komisch« angefasst hat.
- Kinder dürfen Nein sagen, wenn es um Körperlichkeit und Nähe geht! Beispielsweise beim Kitzeln: Sobald Ihr Kind schreit: »Nein! Aufhören!«, hören Sie auf – auch wenn Sie wissen, dass es Sie gleich zum Weitermachen auffordert. Es lernt: »Ich darf Nein sagen, und es wird ernst genommen.«
- Reden Sie mit Ihrem Kind über schöne, komische und unangenehme Berührungen: Manchmal ist Streicheln schön, ein andermal komisch oder unangenehm – je nach Situation und je nachdem, wer streichelt. Anfangs braucht es Ihre Hilfe und Ihr Vorbild. Ein Beispiel: Ihr Kind sitzt im Einkaufswagen und wird von einer fremden oder auch bekannten Person über den Kopf gestreichelt: »Ach, bist du süß!« Ihr Kind sagt schüchtern »Nein, will nicht« – was aber überhört wird. Natürlich will die Person in den meisten Fällen Ihr Kind nicht sexuell missbrauchen. Sagen Sie dennoch laut und fest: »Nein, mein Kind will nicht gestreichelt werden!« So lernt es, dass ein selbstbewusstes Nein Wirkung hat.
- Bringen Sie Ihrem Kleinen bei, dass sein Körper ihm gehört. Lassen Sie es sich zum Beispiel selbst mit dem Waschlappen waschen, sobald es das kann.
- Oft beginnt Missbrauch mit »harmlosen« Streicheleinheiten. Hat Ihr Kind »Hunger« danach, lässt es sich eher darauf ein. Schmusen Sie also mit Ihrem Kleinen, streicheln Sie es ... aber nur, wenn es will. Vielleicht möchte es eines Abends keinen Gutenachtkuss. Auch der Kuss für Omi ist kein Muss!
- Die Täter fordern von ihren Opfern stets Geheimhaltung. Sprechen Sie über gute und schlechte Geheimnisse: Das Geburtstagsgeschenk für Mami darf man geheim halten – von unangenehmen Berührungen sollte man berichten!
- Weitere Informationen finden Sie in Büchern für Eltern und Kinder (Seite 122).

Manchen Kindern hilft ein kleines Nachtlicht, andere finden die Schatten unheimlich.

Kinderängste: »Ein Monster im Schrank!«

Angst – muss das sein? Diese Frage stellen sich viele Eltern. Sie haben gehofft, dass ihre Kinder, die sie partnerschaftlich, ohne Drohungen und Schläge erzogen haben, keine Ängste entwickeln würden. Grundsätzlich ist Angst aber häufig nützlich und sinnvoll, etwa Angst vorm Fallen, vor Lärm oder vor großer Höhe. Und einige typische Kinderängste lassen sich nicht vermeiden. Sie sind ganz normale Phasen in der kindlichen Entwicklung und müssen einfach durchgestanden werden – mit Ihrer Hilfe (siehe Kasten Seite 43).

Kinderängste – den Erwachsenen oft ein Rätsel

Verglichen mit unseren Erwachsenenängsten, etwa vor Krankheit, Tod oder vor Arbeitslosigkeit, scheinen Kinderängste harmlos zu sein! Doch versuchen Sie sich mal zu erinnern, welche Ängste Sie als Kind hatten. Ihnen fallen sicher einige ein. Waren diese Gefühle nicht überaus bedrohlich, und erschien Ihnen das, wovor Sie Angst hatten, nicht ganz und gar real? Falls möglich, fragen Sie auch Ihre Eltern, welche Ängste Sie selbst als Kind ausgestanden haben.
Kinder kennen sich in der Welt noch wenig aus und können viele Aussagen und Sachverhalte nicht realistisch einordnen. Ein Kind hört zum Beispiel, wie Mama beim Tragen des Buggys im Treppenhaus stöhnt, dass diese Schlepperei sie »kaputtmacht«. Beim nächsten Mal hat das Kind dann Angst, dass Mama wirklich kaputtgehen kann – wie sein selbst gebauter Turm!
Manche wollen nicht in die Badewanne: aus so genannter Vernichtungsangst heraus. Sie fürchten, in den Abfluss gespült zu werden. Die gleiche Furcht gilt der Toilette: »Mein Kot ist ein Teil von mir, ich könnte auch verschwinden!«
Verletzungsangst, die Kleinkinder oft haben, macht den hohen Verbrauch von Pflastern verständlich: Ein Trostpflaster hilft auch bei unsichtbaren Wunden!

Angst vor Dunkelheit und Alleinsein

Angst vor Dunkelheit haben fast alle Babys und Kleinkinder. Dies hängt eng mit der Trennungsangst zusammen: Es ist dunkel, Mama und Papa sind nicht sichtbar – sie könnten ja für immer weg sein! Diese Form der Angst ist auch deshalb schwierig, weil das Kind nicht genau sagen kann, wovor es sich eigentlich fürchtet – oder das, wovor es Angst hat, »gibt es gar nicht«! Der Kleiderstapel auf dem Stuhl wird zum Monster, der sich leicht bewegende Vorhang zum Räuber. Unter dem Bett liegt das Krokodil und schnappt zu, wenn im Schlaf die Hand über die Bettkante hängt. Eine kleine Schubserei im Sandkasten nimmt im Albtraum furchterregende Ausmaße an! Die Angst vor einem Hund oder dem Staubsauger ist dagegen viel konkreter – deshalb kann man auch etwas dagegen unternehmen (etwa den bösen Staubsauger in den Schrank einsperren).

Manchen Kindern hilft es, wenn ein kleines Licht im Zimmer brennt (wovor andere wiederum Angst haben, weil es unheimliche Schatten entstehen lässt). Oder Sie lassen die Tür zum Flur offen.

Helfen Sie Ihrem Kind, indem Sie nachschauen und sich – eventuell gemeinsam – versichern, dass unterm Bett, im Schrank, hinter der Gardine kein Monster ist. Wenn Sie das böse Ungeheuer dagegen verjagen, kann das für den Moment zwar helfen, aber im Traum kann die Gestalt wieder auf den Plan treten: Der Papa hat schließlich auch Angst vor Monstern! Also muss es Monster geben! Und unter dem Bett liegt wirklich immer ein Krokodil!

TIPP

ANGST INDIREKT ZUGEBEN

Oft fällt es Kleinkindern leichter, Ängste zuzugeben, wenn sie sie indirekt äußern können. Die dreijährige Lea behauptete, ihr Teddy wolle nicht ins Bett. Nach einiger Überredung war das abendliche Ritual dann doch erledigt. Jetzt rief Lea aus dem Bett heraus, dass Teddy Angst vor der Dunkelheit habe. Zum Glück war Teddy einverstanden, das kleine Licht anzumachen. Angst vor der geschlossenen Tür hatte er auch. Kein Problem. Als Teddy aber Angst vorm Alleinsein hatte, waren die Eltern mit ihrem Latein fast am Ende! Die rettende Idee: Der kleine Bär hatte doch Lea, neben der er beruhigt schlafen konnte! Am Morgen verkündet Lea, dass Teddy keine Angst mehr habe.

»Du böser Tisch!«

Kinder denken animalistisch, das heißt, dass sie Gegenstände als lebendige und Tiere als denkende Wesen empfinden: »Das Tischbein hat mir gerade mit Absicht weh getan!« Angst vor lauten Geräuschen ist in den ersten vier Jahren am stärksten. Viele Kinder haben Angst vor lauten Haushaltsgeräten, die sie oder ihr Spielzeug mit Absicht einsaugen, trockenschleudern, zerhacken … könnten. Auch große, laut bellende Hunde könnten böse Gedanken ihm gegenüber haben! Die angeborene reflexartige Reaktion auf plötzlichen Lärm kann auch übertragen werden: Ein kleines Mädchen spielt mit seinem Teddy. Plötzlich platzt ein Luftballon des älteren Geschwisterkindes nebenan. Das Mädchen erschrickt und glaubt, der Bär sei der Verursacher. Plötzlich hat das Kind Angst vor seinem Teddy oder sogar vor allen Stofftieren!

Ängste der Konservativen

Besonders im zweiten und dritten Lebensjahr entwickeln Kinder tiefe Abhängigkeiten – an ihre Mami, an Papi, an die Wohnung, an ihr Bett, ihren Stuhl, ihr Schmusetuch … Sie wollen immer das gleiche Lied vom Papa hören, und von der Mama ein anderes. Der Spruch vorm Essen muss sein, genauso wie das Gebet im Bett. Wehe, es ändert sich etwas! Dann ist Wut angesagt, gemischt mit Angst. Kinder gelten in diesem Alter als »konservativ« – alles soll so bleiben, wie es ist. Besonders schlimm ist es, wenn ein Umzug in diese Zeit fällt. Lässt er sich nicht umgehen, sollten die Kindermöbel die gleichen bleiben, ebenso der Großteil der anderen Möbel. Das gibt dem Kind ein Gefühl von Beständigkeit und Sicherheit (siehe Kasten Seite 43).

EXTRA

HILFE, EINE FREMDE IN UNSEREM HAUS!

Die kleine Lena bekam einen Riesenschreck, als eine »fremde« Frau in die Wohnung eintrat: Ihre Mutter hatte ihre Haare kurz schneiden und färben lassen! Die Mutter des zweijährigen Christoph wiederum war längere Zeit im Bad und ging zwischendurch in die Küche, um etwas zu holen. Christoph erschrak ganz fürchterlich beim Anblick der seltsamen Frau mit den Gurkenscheiben auf dem Gesicht!

SO HELFEN SIE IHREM KIND BEI ÄNGSTEN

KEINE ANGST VOR DER ANGST!

Die in diesem Kapitel beschriebenen Entwicklungsängste treten bei etwa neun von zehn Kindern auf – mehr oder weniger ausgeprägt. Im Normalfall entwachsen die Kinder ihren Ängsten, genau wie sie ihrem Spielzeug entwachsen. Sie können Ihrem Kleinen dabei helfen, dass seine Ängste sich nicht verfestigen.
Wie in der gesamten Erziehung ist hierbei das Wichtigste, das Selbstbewusstsein des Kindes zu stärken. Sätze wie »So schlimm ist es doch nicht!«, »Schäm dich, du bist ja nicht allein!«, »Stell dich nicht so an!«, »Sei kein Angsthase!«, »Jetzt spinn doch nicht!« helfen nicht, sondern erniedrigen das Kind. Ernst nehmen, beruhigen und über das Gefürchtete reden, über eigene Kinderängste sprechen, gemeinsam Bilderbücher anschauen (siehe Buchtipps Seite 122) hilft mehr! Kleinkinder brauchen Geborgenheit, Liebe, Verständnis und das Gefühl des Angenommenseins fürs Selbstbewusstsein und für den Abbau von Ängsten.
Achten Sie auch auf Ihr Vorbild: Wenn Sie etwa bei jedem Donnerschlag zusammenzucken, ist das Nahrung für die Angst Ihres Kindes. Gemeinsam das Naturschauspiel zu bewundern, verringert auch Ihre Ängste vor dem Gewitter!
Sollten Sie das Gefühl haben, dass Sie Ihrem Kleinen nicht helfen können, suchen Sie sich Hilfe von außen. Manchmal helfen Gespräche mit anderen Eltern. Sie finden auch in Erziehungsberatungsstellen Hilfe (Adressen siehe Seite 122). Meistens hat schon ein einziges Gespräch eine sehr positive Wirkung.

RITUALE

Rituale helfen den »Dreikäsehochs«, ihren Alltag zu bewältigen. So wird der Tag überschaubarer: Vom Aufstehen bis zum Schlafengehen hat das Kind eine Vorstellung, was als Nächstes ungefähr geschieht. Kinder brauchen diese Rituale (etwa immer die gleiche Reihenfolge der Tätigkeiten morgens im Bad oder das abendliche Vorlesen), um Sicherheit und Vertrauen aufzubauen. Sie beugen damit Ängsten und Trotzanfällen vor. Zu starr dürfen diese Abläufe aber nicht sein, weil Ihr Kind sonst schon bei einer kleinen Veränderung völlig verwirrt ist.
Sie können Ihrem Kind mit Ritualen auch gezielt helfen, mit Ängsten fertig zu werden. Hat Ihr Kind zum Beispiel Trennungsangst, lernt es mit der Zeit, dass der Abschiedskuss und das Winke-Winke bedeuten: »Ich komme wieder!«
Viele Kinder haben Angst vorm Haarewaschen. Machen Sie ein schönes Ritual zu Beginn des Badens daraus, bei dem Sie ihm, wenn es möchte, immer eine kleine Geschichte erzählen, zum Beispiel die vom wuscheligen Waschbär Waldemar ...

Fremdbetreuung – Oma oder Kinderkrippe?

Kaum ein anderes Thema wird in der Erziehung so emotional diskutiert wie die Erwerbstätigkeit der Mütter – über die Väter wird dabei kaum gesprochen. Der Begriff »Rabenmutter« macht arbeitenden Müttern oft das Leben schwer – ein schlechtes Gewissen und Schuldgefühle sind für sie Alltag. Dabei bringt die Erwerbstätigkeit keinen Schaden für die Kinder, wenn die liebevolle Betreuung in Abwesenheit beider Eltern gewährleistet ist. Eine Frau, die zufrieden mit ihrem Leben ist, ob nun als Hausfrau oder als Erwerbstätige, nimmt sich erwiesenermaßen viel lieber Zeit für ihr Kind – was großen Einfluss auf die Qualität der gemeinsamen Zeit hat. Dafür, wie gut der Kontakt zum eigenen Kind ist, spielt nach wissenschaftlichen Untersuchungen auch gar nicht die Zeit die entscheidende Rolle. Für eine gute Bindung zwischen Kind und Mutter (Vater) ist vielmehr ausschlaggebend, ob Sie sich bewusst Zeit zum Spielen nehmen und alles andere mal für eine halbe Stunde vergessen können. Die Spiele in diesem Buch helfen, diese gute Bindung aufzubauen und aufrechtzuerhalten.

Welche Betreuungsform für mein Kind?

Vielleicht haben Sie sich schon Gedanken über eine Fremdbetreuung gemacht und überlegt, welches die beste Betreuungsform für Ihr Kind sein könnte. Ganz wichtig: Die Betreuungsperson(en) sollten verlässlich die gleichen bleiben. Heute bei Oma, morgen bei der Tante und an zwei Tagen in der Kinderkrippe ist für die meisten Kinder zu stressig.

Oma und Opa

Oft helfen Oma und Opa bei der Betreuung. Der Vorteil: Sie sind meist zeitlich flexibel und können Ihr Kind eventuell auch bei Ihnen zu Hause betreuen. Wie gemütlich: Ihr Kind kann im Schlafanzug mit Oma oder Opa frühstücken! Sie sollen aber sichergehen können, dass Ihre (Schwieger-)Eltern sich freiwillig Ihrem Kind widmen. Möglicherweise haben sie mit der Kindererziehung bereits abgeschlossen und wollen lieber ihre Ruhe haben. Wenn Sie nur aus Pflichtgefühl helfen, ist das auf Dauer sicher für alle Beteiligten von Nachteil. Ebenso müssen unterschiedliche Erziehungsvorstellungen geklärt werden – was die Angelegenheit unter Umständen erschweren kann.

Tagesmutter oder Freundin

Eine Tagesmutter darf bis zu fünf Kleinkinder betreuen. Ihr Kind hätte dort also auch Spielkameraden. Die meisten Tagesmütter können den Tagesablauf recht flexibel gestalten, was Ihrer Terminplanung entgegenkommt. Wenn Sie nur einen halben bis zwei Tage in der Woche arbeiten, bietet es sich an, dass Sie Ihr Kind zu einer Freundin bringen, die auch ein Kind in ungefähr gleichem Alter hat. Vielleicht ist sie Hausfrau oder arbeitet an zwei anderen Tagen …

Kinderkrippe

Kinderkrippen gibt es meistens nur in größeren Städten. Und einen Platz zu bekommen, gleicht oft einem Wunder! PEKiP®-Gruppenleiterinnen bieten auch vereinzelt in Kinderkrippen Gruppen für Eltern an, die ihre Kinder dort vormittags betreuen lassen. Viele engagierte Eltern gründen eine private Kindergruppe zur Betreuung ihrer Kinder. Hilfe bekommen Sie bei der Bundesarbeitsgemeinschaft Elterninitiativen (BAGE); Adresse siehe Seite 122.

Auslandshilfe

Ein Au-Pair-Mädchen aus dem Ausland kann die Betreuung des Kindes und auch leichte Hausarbeiten übernehmen. Da Au-Pair-Mädchen nur ein Jahr bleiben dürfen, ist hier aber eine konstante Betreuung nicht gegeben.

BINDUNG UND LÖSUNG: BEIDES IST WICHTIG

INFO

Früher ging man davon aus, dass das wichtige emotionale Band, das man als Bindung bezeichnet, nur zwischen der leiblichen Mutter und ihrem Baby entstehen kann. Neuere Forschungsergebnisse belegen, dass Babys und Kleinkinder sich an zwei bis vier liebevoll zugewandte Personen binden können – und dass es sogar wichtig fürs Baby und Kleinkind ist, sich an mehrere Personen zu binden. Neben den Eltern können das etwa Oma, Opa, Tagesmutter oder Krippenerzieherin sein. Auch wenn Sie sich gegen eine Berufstätigkeit entschieden haben: Bieten Sie Ihrem Kind Möglichkeiten, sich langsam von Ihrem sicheren Hafen zu entfernen. Lassen Sie es bewusst mal für zwei Stunden bei der Oma oder bei einer Freundin, die auch ein Kind hat. In den Eltern-Kind-Gruppen (wie PEKiP-Gruppen im ersten Lebensjahr) können die Kleinen in Anwesenheit der Mutter kleine Loslösungsversuche machen, etwa in der anderen Ecke mit einigen Kindern spielen.

Spielend lernen

Die Spiele in diesem Kapitel sind ein Beitrag zu einer bewegten, spannenden und geborgenen Kindheit. Das gemeinsame Spielen und Lernen werden Sie und Ihr Nachwuchs sehr genießen, und Sie werden sicher viel Spaß dabei haben. Nach und nach können Sie weitere Personen ins Spiel einbeziehen – und der Freundeskreis Ihres Kindes wächst!

Spielen und lernen mit Mama und Papa

Die Spiele in diesem Kapitel stammen aus der langjährigen praktischen Erfahrung der Autorin mit von ihr geleiteten Eltern-Kind-Spielgruppen (Mini-Clubs) für Ein- bis Dreijährige.

Selbstständigkeit und Eigenaktivität fördern

Bei allen Spielen ist von großer Bedeutung: Die Kinder werden nicht passiv bewegt oder bespielt, sondern bekommen Anregungen, selbst aktiv zu werden.

Für die PEKiP-Spiele oder andere Spiele im ersten Lebensjahr Ihres Babys haben Sie sich wahrscheinlich jeden Tag bewusst Zeit genommen. Dies sollten Sie weiterhin beibehalten, ob Sie nun voll- oder teilzeitbeschäftigt oder immer zu Hause sind. Dabei kommt es vor allem auf die Qualität an: Seien Sie lieber eine viertel oder halbe Stunde mit voller Aufmerksamkeit für Ihr Kind da, als sich stundenlang nur nebenbei mit ihm zu beschäftigen. So haben Sie beide mehr von Ihrer gemeinsamen Spielzeit.

Den Freundeskreis pflegen

Kleinkinder brauchen ebenso wie Babys andere Kinder als Spielpartner. Vielleicht treffen Sie sich regelmäßig mit Ihrer »alten« PEKiP-Gruppe oder sind Mitglied in einem Mini-Club oder in einer ähnlichen Spielgruppe. Versuchen Sie die Gruppe ein- bis zweimal in der Woche mit Ihrem Kleinen zu besuchen. Weil die meisten Eineinhalb- bis Zweijährigen in der Ich-Entwicklungsphase sind und das Teilen (siehe Seite 29) erst noch lernen müssen, gibt es oft Streitereien! Mit Mama und Papa zu spielen ist oft stressfreier. Trotzdem brauchen Kinder von Anfang an auch Gleichaltrige zum Spielen.

Selbstständigkeit fördern

Ein weiterer Grundsatz der Spiele ist: So wenig Hilfe wie nötig. Das Selbstbewusstsein zu fördern ist ein wichtiges Ziel: »Ich kann es allein!« Ihr Kind bekommt von Ihnen eine Idee, eine Anleitung, das Weitere macht es weitgehend selbst – oder später ganz allein. Ein Beispiel: Die Anregung zum Spiel »Bergsteigen« (siehe Seite 68) geben Sie. Nach einiger Zeit stellt Ihr Zweijähriges von sich aus die Stühle für das Spiel hintereinander auf und holt Sie zum Spielen. Es braucht noch Ihre unterstützende Hand. Einige Monate später spielt es das Bergsteigerspiel stolz allein – oder mit seinem gleichaltrigen Besuch.

DIE ZIELE DER PEKiP-GRUPPEN

INFO

Seit über 30 Jahren gibt es in Deutschland die Gruppen des Prager-Eltern-Kind-Programms (PEKiP). Diese sind ausschließlich für das erste Lebensjahr konzipiert, für Eltern mit ihren Babys ab der 4. bis 6. Woche bis zum sicheren Laufen. Alle PEKiP-Gruppenleiterinnen sind Expertinnen für die Entwicklung im 1. Jahr und können die vom Psychologen Dr. Jaroslav Koch in Prag entwickelten Spiel- und Bewegungsanregungen weitergeben. In Deutschland wurde das Konzept vom Professorenehepaar Dr. Christa und Dr. Hans Ruppelt gemeinsam mit sechs weiteren Gründerinnen entwickelt.

- Das Kind wird durch Bewegungs-, Sinnes- und Spielanregungen in seiner Entwicklung begleitet und gefördert.
- Die Beziehung zwischen Eltern und Kind wird gestärkt und vertieft.
- Erfahrungsaustausch und Kontakt zwischen den Eltern werden gefördert.
- Ganz wichtig für die Gesamtentwicklung: Das Baby kann Kontakt zu gleichaltrigen Kindern und zu den anderen Erwachsenen knüpfen.

Spiel's noch mal, Baby!

Bei den folgenden Spielen ist es wichtig, dass Sie das gleiche Spiel oft wiederholen. Neue Erkenntnisse der Gehirnforschung zeigen, dass Wiederholungen Nahrung für die Intelligenz sind. »Hoppe, Hoppe, Reiter« zum hundertzwölften Mal zu singen mag für Sie langweilig sein – Ihr Kleines freut sich jedoch immer wieder von Anfang an auf das »Plumpsen« zum Schluss! Auch Ihre gemeinsame Spielzeit sollten Sie immer etwa zur gleichen Tageszeit einplanen; Sie müssen sich aber nicht allzu streng daran halten.

Beobachten, was ist

Beobachten Sie Ihr Kind genau: Ist heute eher etwas Ruhiges angesagt oder wildes Austoben draußen? Oft eignet sich auch beides für die gemeinsame Spielzeit: zuerst großmotorische Bewegung (etwa »Schubkarre«, siehe Seite 69), anschließend dann gemütlich am Küchentisch mit Knetmasse Kunstwerke produzieren. Manchmal will Ihr Kind aber auch einfach allein in seine Fantasiewelt abtauchen.

INFO

DIE SYMBOLE IN DEN SPIELANLEITUNGEN

Besonders geeignet für den zweiten oder dritten Kindergeburtstag oder wenn Ihr Kind Freunde zu Besuch hat.

Hier lesen Sie jeweils, welche Fähigkeiten Ihres Kindes durch das Spiel gefördert werden.

Genug Bewegungsfreiheit

In den PEKiP-Gruppen sind die Babys im warmen Raum nackt – Windeln und enge Kleidung behindern den Bewegungsdrang. Lassen sie Ihr Kleines weiterhin so oft wie möglich nackt sein, etwa nach dem Baden oder im sommerlichen Garten. Für die Bewegungsspiele brauchen Sie Ihr Kind nicht extra auszuziehen, es ergibt sich gelegentlich aus dem Spiel heraus. Achten Sie aber darauf, dass die Kleidung nicht einengt: Ein Mädchen kann in einer Gummibundhose geschickter klettern als in einem Kleid. Wenn möglich sollte Ihr Kind für die Bewegungsspiele barfuß sein, sonst Antirutschsocken tragen.

Bei jedem Wetter!

Ihr Kind sollte täglich draußen spielen können. Auch wenn Sie einen Garten haben, machen Sie doch jeden Tag einen Spaziergang! Auch ein Spaziergang im Regen ist spannend und schön. Schlechtes Wetter gibt es nicht, höchstens unpassende Kleidung!

ENTWICKLUNG BLEIBT SPANNEND!

Mein Sohn (16 Monate) läuft nur an Möbeln entlang oder an meiner Hand. Ist das normal?

Jedes Kind hat sein individuelles Entwicklungstempo, das wir akzeptieren sollten. Läuft Ihr Sohn mit 18 bis 20 Monaten allerdings noch nicht selbstständig, fragen sie Ihren Kinderarzt. Er kennt ja die ganze »Entwicklungsgeschichte« Ihres Kindes. Trainieren Sie bitte nicht das Laufen an Ihrer Hand, sonst verliert Ihr Sohn seine Motivation, allein zu laufen!

Unser Sohn (2,5) zeigt wenig Interesse an Bewegung und am Toben, dafür umso mehr für Geschichten. Sollten wir seine motorische Entwicklung mehr fördern?

Kombinieren Sie doch spielerisch beide Entwicklungsbereiche! Viele Bewegungsspiele in diesem Buch eignen sich gut für kleine »Denker« und motivieren sie über die Sprache zur Bewegung, etwa »Über die Kreuzung« oder »Die lebenden Luftballons« (siehe Seite 77).

Unsere Kinder sind 2,5 Jahre und 3 Monate alt. Können wir eine gemeinsame Spielstunde in den Alltag einbauen?

Planen Sie ruhig ab und zu eine Spielstunde zu viert ein: Heizen Sie das Zimmer auf 26 bis 27 Grad auf, und auch Ihr Großes darf nackt sein. Suchen Sie für Ihr älteres Kind ruhigere Spiele aus wie »Konferenz der Tiere« (Seite 66) oder »Wasserflugzeug« (Seite 53). Lassen Sie es auch mit dem Baby spielen, das stärkt sein Selbstbewusstsein. Dazu eignen sich einfache PEKiP-Spiele fürs erste Jahr. Auch getrennte Spielstunden sind wichtig: »Heute spiele ich mit Mama ›Bergsteigen‹ und ›Pizzaservice‹, und Papa spielt mit dem Baby!«

Ich erwarte unser zweites Kind, unsere Tochter ist jetzt 22 Monate alt. Wann sollten wir ihr erzählen, dass sie ein Geschwisterchen bekommt?

Wenn Ihr Bauch immer runder wird und Boxbewegungen zu spüren sind. Zeigen Sie Ihrem Kind dann Fotos aus seiner Babyzeit – und von Ihnen, als es in Ihrem Bauch war: »Schau, da warst du in Mamas Bauch. Du hast auch geboxt!«

Schadet es unserem knapp zweijährigen Sohn, wenn ich mit seiner fünfjährigen Schwester ein Aufklärungsbilderbuch anschaue und ihr vorlese?

Nein, keineswegs. Ihr Sohn wird nur Bruchteile verstehen. Er wird vielleicht später Fragen stellen, wenn er in seiner kognitiven Entwicklung so weit ist. Dafür ist das frühere Zuhören und Zuschauen sogar förderlich.

Bewegungsspiele

Bewegung tut gut – und ist der Gesamtentwicklung förderlich. Sie regt das Gehirn an, das Herz-Kreislauf-System wird aktiviert, die Muskeln werden gestärkt, die Geschicklichkeit gefördert, Knochen und Gelenke gefestigt. Bewegung hilft außerdem Übergewicht vorzubeugen – ein zunehmendes Problem vieler Kinder heutzutage. Bewegungsspiele an der frischen Luft fördern die Sauerstoffzufuhr – und machen müde (gut für den Schlaf!). Die Bewegungsentwicklung steht im Vordergrund, ohne dabei die anderen Bereiche zu vernachlässigen. Die Spiele werden Ihnen und Ihrem Kind bestimmt Spaß machen – denn es sind ja Spiele und keine trockenen Turnübungen.

Spiele für Krabbler und Läufer

Die Spiele auf den folgenden Seiten fördern vor allem die Entwicklung der Großmotorik (siehe ab Seite 13). Sie sind auch für Kinder gedacht, die noch nicht laufen können, aber die aufrechte Position bereits erreicht haben. Diese Spiele bleiben lange Zeit Lieblingsspiele – wie etwa die »Schinkenrolle« auf Seite 58. Wenn Ihr Kind also schon läuft, lesen Sie die Spielanleitungen trotzdem durch und probieren Sie die Spiele aus, die Ihrem Kleinen Ihrer Meinung nach gefallen könnten. An seiner Reaktion werden Sie merken, welche ihm Spaß machen.

Wasserflugzeug

- **Sie brauchen:** einen Wasserball, Durchmesser 40–50 cm, für Sie selbst eventuell einen Gymnastikball.
- Gleichgewicht.
- Legen Sie sich bäuchlings auf den Gymnastikball (falls vorhanden). Ihr Brustkorb und Ihr Bauch liegen auf dem Ball, Ihre Beine sind nach hinten gestreckt. Stützen Sie sich mit den Fußspitzen am Boden ab (eine gute Rückenübung!). Breiten Sie die Arme seitlich aus.
- Laden Sie Ihren Co-Piloten ein, das Gleiche auf seiner »Maschine« zu tun.
- Falls Sie keinen Gymnastikball haben, erklären Sie Ihrem Kind das Spiel: »Du bist ein Pilot, hoch über den Wolken ...«
- **Und später?** Mit Ihrem älteren Kind können Sie sich über das nächste Flugziel unterhalten (Oma, Spielplatz ...). Zwischenlandungen können Sie zu einem Laufspiel nutzen, etwa zum »Zwergerl-Fußball« (siehe Seite 60).
- **Variante:** Wie »Wasservögel« flattern!
- **Tipp:** Manche Kinder lernen mit dem Wasserball das Laufen (Achtung: barfuß oder mit rutschfesten Socken!). Stolz tragen manche Kleinen den großen Ball mit noch wackligen Schritten.

Hoch hinaus auf der Leiter

- **Sie brauchen:** eine kleine Trittleiter.
- Klettern, neue Perspektiven entdecken.
- Anfangs wird Ihr Kind sich auf der unteren Stufe aufrichten, dann zum Boden zurückkehren. Irgendwann erreicht es die zweite Stufe und steht stolz darauf!
- Beim Heruntersteigen können Sie Ihrem Kind helfen, indem Sie seine Hüfte und ein Bein sanft nach unten führen.

Wichtig: Bleiben Sie beim Spiel immer neben der Leiter. Halten Sie Ihr Kind aber nicht fest, sonst klettert es aus dieser Sicherheit höher, als es sich allein zutrauen würde. Räumen Sie die Leiter nach dem Spiel sofort wieder weg!

Fußball mit Seitenwechsel

- **Sie brauchen:** einen an einer Schnur befestigten Wasserball.
- Gleichgewicht verlagern.
- Ihr Kind steht am Tisch. Zeigen Sie ihm den Wasserball, den Sie dann seitlich an einen seiner Füße halten – abwechselnd an den linken und rechten Fuß.
- Es wird anfangs eher zufällig, später bewusst gegen den Ball treten.

Kistenrennen

- **Sie brauchen:** einen, leeren stabilen Karton ohne Deckel (Höhe etwa 50 cm), gut geeignet ist eine Umzugskiste.

Gleichgewicht, unterschiedliche Schrittlängen ausprobieren.

- Stellen Sie den Karton in einem Raum auf, der etwas freie Bodenfläche bietet.
- Ihr Kind krabbelt sicher zum Karton und zieht sich daran hoch (oder es läuft bereits). Nach und nach lernt es die Kiste zu schieben und wandert damit durchs Zimmer.
- **Tipp:** Legen Sie den Teddy Ihres Kindes in die Kiste. Stolz fährt es seinen Passagier spazieren. Der Knüller: Ihr Kind darf sich in die Kiste setzen, und Sie schieben es herum!
- **Und später?** Wettrennen mit dem Freund! Wer schiebt sein Auto schneller von einer Wand zu anderen?

Gassi gehen

Koordination, Fantasie, Gleichgewicht.

- Sie und Ihr Kind sind zwei Hunde beim Spaziergang: Sie krabbeln mal schnell, mal langsam durchs Zimmer, bellen mal laut, mal leise, beschnüffeln sorgfältig alle Ecken ...
- Jetzt machen die Hunde Pipi! Sie stellen die Hinterpfoten am Boden auf und heben das Bein an einem Baum (Stuhl, Tisch ...): Ganz schön wackelig!

Stau im Tunnel

- **Sie brauchen:** einen Stofftunnel oder eine Decke und einen Tisch.

Geschickter krabbeln, die Vorstellungskraft weiterentwickeln.

- Legen Sie die Decke über den Tisch, sodass dessen Längsseiten zu sind. Oder Sie legen den gekauften Tunnel (bleibt lange Zeit ein Lieblingsspielgerät!) auf den Boden.
- Falls möglich, machen Sie Ihrem Kind vor, wie Sie durch den Tunnel krabbeln. Sie können es auch mit einem Spielzeug locken: Mamas Wiedersehensfreude am anderen Ende des Tunnels beflügelt das Kind.
- **Und später?** Als Schlange durch den Tunnel kriechen, als Elefant hindurchtrampeln, als Katze auf Samtpfoten durchlaufen oder als großer, laut bellender Hund!

Bauchball

- **Sie brauchen:** einen Ball.
- Konzentrieren, zielen.
- Sie liegen bäuchlings mit etwas Abstand einander gegenüber auf den Boden.
- Rollen Sie den Ball zu Ihrem Kind und fordern Sie es auf, ihn zu stoppen und zurück zu Ihnen zu rollen – hin und her.
- **Variante:** Legen sie sich so hin, dass Sie beide den Ball berühren können. Heben Sie ihn gemeinsam etwas nach oben – Ihr Kind bestimmt dabei die Höhe. Verharren Sie kurz in dieser Position (sie ist sehr gut für den Rücken!). Wiederholen Sie dies mehrere Male.
- **Tipp:** Ein schönes Spiel, wenn ein Freund Ihres Kindes zu Besuch ist.

Ballkutsche

- **Sie brauchen:** einen Ball.
- Einen rollenden Ball stoppen und wieder wegschubsen.
- Setzen Sie sich mit gegrätschten Beinen auf den Boden. Bitten Sie Ihr Kind, sich Ihnen gegenüber auch so hinzusetzen. Rollen Sie den Ball zu ihm.
- Mit »Stopp« und »Auf die Plätze, fertig, los« wird das Spiel noch spannender.
- **Und später?** Verlängern Sie mit der Zeit die Entfernung zwischen Ihnen und Ihrem kleinen Ballkünstler.
- **Variante:** Fassen Sie sich an den Händen, Ihre Fußsohlen berühren einander. Vor- und zurückschaukeln im Rhythmus von »Ri-ra-rutsch« (siehe Seite 107).
- **Variante:** Berg- und Talfahrt mit der Kutsche: langsam bergauf, schnell bergab.

Tour de France

- Gleichgewicht.
- Setzen Sie sich mit Ihrem Kind barfuß einander gegenüber auf den Boden. Stützen Sie sich beide mit den Händen nach hinten ab.
- Heben Sie die Beine etwas hoch. Mit angewinkelten Beinen legen Sie nun Ihre Fußsohlen an die Ihres Kindes. **1**
- Jetzt beginnt die Fahrradtour: anfangs langsam, später schnell, dann wieder langsamer, etwa am »Berg«!
- Nach einer Pause, vielleicht mit Bilderbuch, radeln Sie wieder nach Hause.

1 »Wir radeln über Berg und Tal!«

Ross und Reiter

Ausbalancieren, Fantasie.

- Stellen Sie sich in den Vierfüßlerstand und laden Ihr Kind ein, sich wie ein Reiter auf Ihren Rücken zu setzen.
- Bewegen Sie sich langsam vorwärts, stoppen Sie mal und lassen den Reiter runtersteigen. Später geht es weiter. Sie können dabei eine Fantasiegeschichte erzählen, indem Sie erklären, wo Sie sich jeweils befinden (»wir kommen jetzt am Spielplatz vorbei ...«).
- **Und später?** Gegen Ende des dritten Lebensjahres will Ihr Kind auf Ihrem Rücken stehen. Traut sich das Pferd loszulaufen?
- **Tipp:** Wenn Ihr Kind nicht auf Ihren Rücken kommt, legen Sie sich auf den Bauch; Ihr Kind liegt bäuchlings auf Ihrem Rücken. Bleiben Sie eine Weile so, damit Ihr Kind sein Gleichgewicht trainieren kann für spätere Reitversuche.

Handlauf

- **Sie brauchen:** (Haus-)Schuhe für Sie und Ihr Kind, Stühle.

Koordination, Überkreuzbewegung.

- Stecken sie beide ihre Hände in die Schuhe. Im tapsigen »Bärengang« geht es nun auf Händen und Füßen durch die Wohnung.
- Bauen Sie aus den Stühlen eine Slalomstrecke: Wer ist am schnellsten?

Fußkran

- **Sie brauchen:** Tücher, Seile, Wurfkissen (Seite 115), eine Waschschüssel.

Mit den Zehen greifen, Gleichgewicht.

- Setzen sie sich beide barfuß einander gegenüber auf den Boden.
- Zwischen sich legen Sie Tücher, Seile und Wurfkissen, daneben die leere Waschschüssel als »Container«.
- Die »Kräne« heben die schweren Sachen hoch und transportieren sie zum Container.
- Überlegen Sie gemeinsam, welche Sachen noch geeignet sind.

Packesel

- **Sie brauchen:** kleine Wurfkissen (siehe Seite 115), flache Kissen.

Konzentration, Koordination, Gleichgewicht.

- Sie und Ihr Kind sind in Krabbelstellung auf dem Boden. Legen Sie ein Wurfkissen auf den Rücken Ihres Kindes (später kann es dies selbst tun), eines auf Ihren Rücken.
- Nun geht die Reise mit Gepäck los!
- **Und später?** Größere Kissen transportieren verlangt mehr Geschicklichkeit – macht aber Spaß: »Ich habe es allein geschafft!«
- **Variante:** ein Wettspiel für den Geburtstag oder wenn ein Freund zu Besuch ist. Gleichartige Kissen verwenden!

Kopfballtor!

- **Sie brauchen:** einen leichten Ball in der Größe eines Fußballes, 2 Stühle.
- Koordination, Ausdauer, Kraftdosierung, Zahlenverständnis.
- Stellen Sie die Stühle als Torpfosten in ein Zimmer mit viel freier Bodenfläche. Legen Sie den Ball 3 Meter vor das Tor.
- Ihr Kind beginnt: Krabbelnd darf es versuchen, den Ball mit dem Kopf ins Tor zu schießen. Sie zählen laut die benötigten Versuche. Nach seinem Tor sind Sie der Kopfball-Torjäger!

Wilde Hängematte

- **Sie brauchen:** eine Decke und einen zweiten Erwachsenen zum Schaukeln.
- Gleichgewicht, Körperwahrnehmung.
- Legen Sie die Decke auf den Boden. Ermuntern Sie Ihr Kleines, sich auf den Rücken in die Mitte der Decke zu legen. Fassen Sie nun die Decke an den Ecken – der eine am Fußende, der andere am Kopfende – und heben Sie sie hoch.
- Schaukeln Sie es bei den ersten Malen langsam hin und her.
- **Und später?** Nach einigen Malen können Sie wilder schaukeln. Achten Sie aber immer darauf, wie Ihr Kind reagiert!
- **Variante:** Nach dem Schaukeln »werfen« Sie Ihr Kind sanft auf das weiche Bett.

1 **Karussellfahrt auf der Decke: mal langsam, mal wild.**

Deckenkarussell

- **Sie brauchen:** eine Decke.
- Körperwahrnehmung, Wonneangst.
- Legen Sie die Decke auf einen glatten Fußboden. Bitten Sie Ihr Kind sich bäuchlings mitten darauf zu legen und sich mit den Händen gut an der Decke festzukrallen. **1**
- Fassen Sie die Decke am Kopfende und ziehen langsam geradeaus: Ihr Kind lernt so das Festhalten. Dann erhöhen Sie das Tempo etwas und machen ein paar Kurven.
- Alles startklar: Drehen Sie die Decke auf der Stelle im Kreis. Anfangs geht's langsam; ältere Kinder mögen es gern wilder und schneller.

Wichtig: Im Drehradius des Deckenkarussells dürfen sich keine Möbel oder andere harte Dinge befinden.

Hubschrauber

Körperwahrnehmung, Wonneangst.

- Ihr Kind steht mit dem Rücken zu Ihnen. Fassen Sie es um den Oberköper, indem Sie Ihre Arme unter seinen Achseln durchstecken. 1
- Nun startet der Hubschrauber: Sie drehen sich im Kreis, zuerst langsam, dann schneller. Bevor es Ihnen schwindlig wird, legen Sie einen Zwischenstopp ein. Danach Richtungswechsel!

Schinkenrolle

- **Sie brauchen:** eine Decke.

Raumlage-Gefühl, Wonneangst.

- Legen Sie die Decke auf den Boden. Bitten Sie Ihr Kind, sich so auf den Rücken zu legen, dass nur sein Kopf nicht auf der Decke liegt. Machen Sie ihm diese Position eventuell vor.
- Die Decke ist nun eine Schinkenscheibe, und Sie rollen Ihr Kind ein. Der Kopf bleibt frei. Ihre Hände liegen auf seinen Schultern und seiner Hüfte. Geben Sie der »Schinkenspezialität« immer wieder einen kleinen Schubs und sagen: »Rolle, Rolle, Schinken!« Achten Sie darauf, dass Ihr Kind die Rollbewegung weitgehend selbst macht. 2
- Um die Schinkenrolle zu verspeisen, müssen Sie sie öffnen. Hungrige brauchen übrigens viele Rollen!
- **Und später?** Ältere wollen auch den Kopf drinnen haben. Achtung: Schnell wieder ausrollen – also schnell essen! Lassen Sie sich auch mal einrollen.
- **Tipp:** Für Vegetarier gibt's die Pfannkuchenrolle!

1 Alles klar zum Abheben ...

2 Leckere Schinkenspezialität!

Linienflugzeug

Körpergefühl, Gleichgewicht.

- Setzen Sie sich mit leicht angewinkelten Beinen auf den Boden und legen Ihr Kind bäuchlings auf Ihre Unterschenkel. Halten Sie es unter seinen Achseln fest. Seine Füße berühren den Boden.
- Bewegen Sie sich langsam nach hinten, sodass Ihr Kind »abhebt«. Es sollte dabei die Arme wie Flügel ausbreiten. 3 Dann geht es zur Landebahn (Ausgangsposition) zurück. Nach ein paar Malen hilft Ihr Kind beim Start mit und stemmt sich mit den Füßen ab.
- Sie können das Spiel mit einer Bauchlandung beenden: Lassen Sie Ihr Kind auf Ihren Bauch gleiten (nicht plumpsen!). Jetzt ist Schmusen angesagt! Der nächste Flieger startet bald.

3 **Jumbojet ruft Bodenstation!**

Zwerg und Riese

Gleichgewicht, Konzentration.

- Sie stehen mit leicht geöffneten Beinen. Laden Sie Ihr Kind ein, sich auf Ihre Füße zu stellen, sodass Sie sich ansehen. Nehmen Sie seine Hände in Ihre.
- Gehen Sie ein paar Schritte rückwärts – Ihr Kind »läuft« vorwärts. Gar nicht einfach, das Gleichgewicht zu halten!
- **Und später?** Variieren Sie das Tempo und gehen Sie auch mal vorwärts. Oder Sie schaukeln seitlich und singen: »Große Uhren, kleine Uhren« (siehe Seite 109).

MAMA, WO IST DEINE HAND?

TIPP

In der Wohnung läuft Ihr Kind vielleicht schon sicher. Draußen sind die Strecken viel länger und voller Stolpersteine! Ihr Kind braucht deshalb aus Sicherheitsgründen manchmal noch Ihre unterstützende Hand.
Ziehen Sie seinen Arm aber nicht nach oben. Er sollte angewinkelt sein, damit Ihr Kind das Gleichgewicht selbst hält und das sichere Gehen übt.
Lassen Sie es möglichst oft barfuß oder auf rutschfesten Socken laufen. Schuhe braucht es nur im Freien, um die Füße vor Kälte und Nässe zu schützen!

Laufspiele und Spiele für Läufer

Sobald Kinder laufen gelernt haben, probieren sie diese neue Fähigkeit begeistert überall aus. Achten Sie auf Gefahren (wie auf der Straße und im Treppenhaus), aber lassen Sie Ihren kleinen Läufer überall »trainieren«, damit er vielfältige Erfahrungen sammeln kann. Mit den folgenden Spielen fördern Sie das sichere Laufen – und vermitteln gleichzeitig, dass Bewegung wirklich Spaß macht!

Zwergerl-Fußball

- **Sie brauchen:** einen Ball.
- Gleichgewicht verlagern, in einem sich ändernden Rhythmus laufen.
- Zeigen Sie Ihrem Kind, wie Sie mit dem Fuß gegen einen Ball treten.
- Nun ist Ihr Kind dran! Es läuft wahrscheinlich tapsig zum Ball, macht kurz davor einen größeren Schritt und versucht, mit dem Fuß dagegen zu treten. Dabei kommt es aus seinem Laufrhythmus heraus und muss sein Gleichgewicht ausbalancieren. Das Laufen im sich ändernden Rhythmus ist natürlich viel schwieriger als das Laufen in gleichmäßigen Schritten.
- **Tipp:** Achten Sie doch mal in Ihrem Bekanntenkreis darauf, ob dieses »Junioren-Fußballspiel« Mädchen und Jungen gleichermaßen nahe gebracht wird!

Über Stock und Stein

- **Sie brauchen:** lange, niedrige, schmale Hindernisse – einen Besenstiel, einen Staubsaugerschlauch, ein längs gerolltes Handtuch ...
- Stufen übersteigen.
- Legen Sie einen der länglichen Gegenstände auf den Boden.
- Wenn Ihr Kind das Hindernis überwinden will, muss es sein Bein höher anziehen als beim normalen Gehen; das Laufen gerät ins Ungleichgewicht. Deswegen sucht Ihr Kind bei den ersten Versuchen wahrscheinlich noch Ihre unterstützende Hand.
- **Und später?** Bauen Sie aus mehreren Hindernissen einen Parcours.
- **Tipp:** Kinder üben im zweiten Lebensjahr gern Treppensteigen – erst mit beiden Händen am Geländer, dann mit einer Hand, später gehen sie ohne Hilfe aufwärts (siehe Seite 14).

Auf Schmalspur

- **Sie brauchen:** für Laufanfänger einen langen Papierstreifen; später ein Bügelbrett oder eine längs zusammengefaltete Decke.
- Die Lauftechnik verfeinern.
- Hatte Ihr Kind Spaß an den beiden zuvor beschriebenen Laufspielen, bieten Sie ihm nun einen schmalen »Steg« als neue Herausforderung an.

Rückwärts einparken

- **Sie brauchen:** eine Matratze oder die unterste Stufe einer Treppe; einen niedrigen Kinderstuhl oder einen Hocker.

Sich rückwärts hinsetzen.

- Fordern Sie Ihr Kind auf, sich auf die Matratze (oder Stufe) zu setzen. Bei der breiten Fläche ist die Trefferquote hoch!
- Stellen Sie Stuhl oder Hocker an die Längsseite des Kinder- oder Sofatischs. Ihr Kind hält sich an der Tischkante fest und setzt sich mit Seitwärtsschritten. Nicht einfach: Es muss die kleine Fläche treffen. Viele Kinder landen anfangs auf dem Boden!
- **Und später?** Stellen Sie den Stuhl mitten ins Zimmer. Fordern Sie Ihr Kind auf sich zu setzen. Jetzt muss es einen oder zwei Schritte rückwärts bewältigen.

Zauberring

- **Sie brauchen:** einen Ring aus 3 m Hüpfgummi; einen Erwachsenen oder einige Kinder zum Mitspielen.

Rückwärts, vorwärts und seitlich laufen; Fantasie, Sprachverständnis.

- Legen Sie das Band auf den Boden: »Ein geheimnisvoller Zauberring!«
- Bitten Sie alle, das Band in beide Hände zu nehmen und hochzuheben. Sie müssen sich etwas bücken, damit Ihr Kind das Band etwa in Höhe seines Nabels halten kann.
- Streuen Sie imaginäres Zaubersalz darauf: »Hokus, Pokus, Fidibus, dreimal schwarzer Kater!« Alle laufen rückwärts, der Kreis wird immer größer: welch eine Zauberkraft! Beim Vorwärtslaufen versiegt die Magie. Jetzt ist wieder Zaubersalz gefragt!
- **Variante:** den Ring zum Seil zaubern. Der Ring kann auch im Kreis gehen (innen oder außen anfassen) und sogar singen (»Ringel, Ringel, Reihen«)!

TIPP: FÜHLSTRASSE

Geben Sie Ihrem Kind immer wieder Möglichkeiten barfuß zu laufen: Im Sommer auf Sand, Gras, Kies und Steinen, bergauf, bergab oder auf einem Baumstamm ...
Fußerfahrungen kann Ihr Kind auch in der Wohnung machen. Bauen Sie ab und zu eine Straße mit unterschiedlichen Belägen: sauberer Fußabstreifer, Fell, wacklige Luftmatratze, Kokosmatte, künstlicher Rasen, ein Streifen Schleifpapier ...

1 »Ich bin am Ball!«

2 Ganz schön viel Verkehr!

Hin und Her

- **Sie brauchen:** einen Ball.
- Gleichgewicht, Konzentration, Entfernung und Geschwindigkeit einschätzen.
- Stellen Sie sich etwa eineinhalb Meter entfernt mit dem Rücken zueinander, die Beine sind weit gegrätscht. Lassen Sie den Oberkörper nach vorn hängen und fordern Sie Ihr Kind auf dasselbe zu tun.
- Rollen Sie Ihrem Kind den Ball durch Ihre Beine zu. Es fängt ihn und rollt ihn zu Ihnen zurück. 1
- Das Spiel verlangt Gleichgewicht und Koordination: Anfangs müssen Sie die Entfernung vielleicht etwas verringern.
- Mit der Zeit findet Ihr Kind heraus, wie kräftig es den Ball rollen muss.
- **Und später?** Sie können die Entfernung vergrößern und einen kleineren Ball nehmen, etwa einen Tennisball – der ist viel schwieriger zu fangen.

Brücken bauen

- **Sie brauchen:** ein kleines Spielzeugauto mit Fahrer, eine Isomatte oder einen Papierstreifen als »Straße«.
- Geschicklichkeit, Fantasie.
- Erklären Sie Ihrem Kind, dass über die Straße eine Brücke gebaut werden soll.
- Legen Sie sich bäuchlings quer über die »Straße«. Ihr Kind ist der Brückenbauer und hebt Sie an der Taille hoch. Sie kommen natürlich aus eigener Kraft in den Hand-Fuß-Stand, aber Ihrem Kind macht es riesig Spaß, so eine schwere Brücke anzuheben!
- Jetzt kann es das Auto durchschieben und sogar selbst durchkrabbeln. 2
- Nun tauschen Sie die Rollen.
- **Und später?** Eine niedrige Brücke entsteht, wenn Sie sich auf den Rücken über die Straße legen, mit Händen und Füßen abstützen. Dann Rollentausch!

Kutschfahrt

- **Sie brauchen:** einen Hula-Hoop-Reifen.
- Geschwindigkeit anpassen, auf Richtungswechsel reagieren.
- Steigen Sie in den Reifen hinein und heben Sie ihn mit Ihren Händen so hoch, dass Ihr Kind ihn von hinten mit beiden Händen umfassen kann. Sie spielen das Pferd und geben das Tempo und die Richtung vor.
- Vielleicht braucht das Pferd mal eine Trinkpause – der kleine Kutschfahrer auch!
- **Und später?** Tauschen Sie die Rollen!
- **Tipp:** Anstatt eines Hula-Hoop-Reifens können Sie ein Handtuch nehmen. Halten Sie es an der einen Kante nach hinten, die andere umfasst Ihr Kind.

Bambino-Formel-1

- **Sie brauchen:** zwei Hula-Hoop-Reifen.
- Geschickter laufen.
- Steigen Sie in einen der Reifen und halten Sie ihn mit beiden Händen auf Ihrer Nabelhöhe. Fordern Sie Ihr Kind auf, dasselbe zu tun. Brumm, brumm – und los geht die Rallye!
- **Und später?** Anfangs schleift der Reifen Ihres Kindes wahrscheinlich hinter ihm auf dem Boden. Später kann es ihn hinter sich in der Luft halten.
- **Tipp:** Ein geeignetes Spiel für draußen – wie ein richtiges Formel-1-Rennen!

Mir nach – ich bin der Boss!

- Sicherer gehen und laufen.
- Sie und Ihr Kind gehen im Gänsemarsch hintereinander. Zuerst geben Sie das Tempo des Gehens vor: kleine Schritte, lange Schritte, auf Zehenspitzen, Kurven machen, rückwärts gehen, stoppen, seitlich gehen, stampfen ...
- Tauschen Sie die Rollen. Es bereitet Kindern großes Vergnügen, den Großen mal was vormachen zu dürfen – im Alltag ist es oft genug umgekehrt!
- **Und später?** Beide laufen unterschiedlich. Ganz schön schwierig!
- **Variante:** Sie machen eine Übung vor, etwa auf einem Bein stehen, und Ihr kleiner Turner macht es nach. Dass die Rollen auch hier schnell getauscht werden, versteht sich: Abends turnen Mama und Papa nach Anleitung ihres kleinen Übungsleiters!

Laut – leise!

- Sich bewusst laut und leise bewegen.
- Sie und Ihr Kind (und am besten noch weitere Teilnehmer) – stehen sich gegenüber. Fragen Sie: Kannst du laut stampfen? Danach stampfen alle ganz laut. Leise zu stampfen ist dagegen gar nicht so einfach!
- **Variante:** laut und leise laufen (vorwärts, rückwärts, seitwärts), hüpfen, tanzen, schlurfen ...

Auf der schiefen Bahn

- **Sie brauchen:** schiefe Ebene, etwa aus Brett und zusammengefalteter Decke.
- Schrittlänge und Tempo variieren; später Rolle vorwärts machen.
- Ihr Kind versucht, den Gipfel zu Fuß zu erklimmen und ohne Stürze wieder ins sichere Tal zu kommen. **1** Bei der ersten Abwärtstour braucht es Ihre unterstützende Hand, denn das Tempo wird sicher rasant!
- **Variante:** Mit etwa zwei Jahren machen Kinder erste Purzelbaumversuche. Die schräge Bahn ist hilfreich: Legen Sie Ihr Kind ganz oben bäuchlings darauf. Helfen Sie ihm bei den ersten Versuchen, indem Sie eine Hand auf seinen Hinterkopf legen, die andere unter den Bauch. Ermuntern Sie es, kleine Schritte vorwärts zu machen. Falls es den Bauch noch nicht hebt, helfen Sie etwas nach. Kopf einrollen: Schwups – der erste Purzelbaum!

1 Nach der Gipfelbesteigung.

Blindekuh

- **Sie brauchen:** ein weiches, helles Tuch.
- Bewusste Körperwahrnehmung, Raum-Lage-Orientierung, Selbstbewusstsein.
- Fordern Sie Ihr Kind auf, mit geschlossenen Augen im Stehen etwas zu schwanken. Machen Sie mit! Dann drehen Sie sich beide im Kreis. Ihr Kind wird immer wieder die Augen öffnen um sich zu orientieren.
- Ermuntern Sie es nun, kleine Schritte mit geschlossenen Augen zu versuchen. Noch schwieriger ist Rückwärtslaufen!
- **Und später?** Verbinden Sie die Augen Ihres Kindes mit dem Tuch. Bei den ersten Malen gehen Sie Hand in Hand.
- **Variante:** Verbinden Sie Ihre Augen und lassen sich durch die Wohnung führen!

Wie komme ich runter?

- **Sie brauchen:** eine (3-teilige) Matratze.
- Eine Stufe herabsteigen, mit beiden Beinen abspringen und landen.
- Legen Sie die Matratze auf den Boden. Je nach Entwicklungsstand steigt Ihr

Kind darauf, stoppt an der Kante und steigt vorsichtig runter. Viele Zweijährige stoppen an der Kante und springen runter, vielleicht noch an Ihrer Hand. Die Landung wird immer sicherer.

- **Und später?** Wenn Ihr Kind in der »Springphase« ist – überall runterspringen will – nehmen Sie zwei Matratzen.

2 Limbo für Leichtgewichte.

Fang mich auf!

- **Sie brauchen:** einen Stuhl, eine Trittleiter oder einen Tisch.

Selbstbewusstsein, Wonneangst, Vertrauen.

- Lassen Sie Ihr Kind auf Stuhl, Leiter oder Tisch steigen. Fordern Sie es auf, in Ihre ihm entgegengestreckten Arme zu springen. Bei den ersten Versuchen ist der Abstand zwischen Ihnen gering.
- **Und später?** Es kostet Ihr Kind anfangs größere Überwindung zu springen – es muss sich dabei ganz auf Sie verlassen! Danach bleibt das Spiel so lange interessant, bis Sie Ihr großes Kleines nicht mehr auffangen können, weil es zu schwer geworden ist!

Wichtig: Ihr Kind muss wissen, dass es nur für dieses Spiel erlaubt ist, auf Möbel zu klettern!

Mini-Limbo

- **Sie brauchen:** einen Besenstiel oder eine Schnur. Alternativ: ein langes Gummiband (Hosengummi) und eine zweite Person zum Halten.

Körperwahrnehmung, Einschätzung der Höhe, Konzentration.

- Halten Sie den Besenstiel so hoch, dass Ihr Kind gerade noch unten durch laufen kann. Dann halten Sie ihn immer noch etwas niedriger: Jetzt muss Ihr Kleines seinen Kopf einziehen, später muss es sich sogar bücken, dann in die Hocke gehen. 2
- **Und später?** Irgendwann hilft nur noch eins: unten durchkrabbeln!
- **Variante 1:** Eine weitere Person und Ihr Kind halten den Besenstil und Sie gehen durch (zuerst steht Ihr Kind dabei auf einem Stuhl). Es macht Ihrem Kind Spaß, Ihnen zuzuschauen! Ob Sie die original Limbo-Haltung einnehmen, ist Ihnen überlassen ...
- **Variante 2:** Hindernislauf. Ihr Kind steigt über den Stock, erst fünf Zentimeter über dem Boden, dann immer höher.

1 »Töröööö ...« – die Elefantenherde!

Wie kannst du ... ?

Ganzkörperbewegungen, Konzentration, Fantasie, Sprachentwicklung.

- Fragen Sie Ihr Kind: »Wie kannst du dich fortbewegen?« Ihr Kleines wird wahrscheinlich als Erstes rennen.
- Fragen Sie immer wieder: »Wie noch?«
- Einige Ideen (falls Ihr Kind nicht selbst darauf kommt): rückwärts laufen, krabbeln, hüpfen, seitlich laufen oder rollen, wie eine Schlange kriechen ...
- **Variante 1:** »Wie kannst du sitzen?« Lassen Sie auch hier Ihrem Kind Zeit zu überlegen. Geben Sie ihm eventuell kleine Hinweise: mit gestreckten oder angezogenen Beinen, mit seitlich gehobenen Armen. Mit angehobenen Beinen und abgestützten Armen kann man sogar »Karussell fahren« auf dem Po ...
- **Variante 2:** »Wie kannst du stehen?« (In der Grätsche, auf einem Bein, mit geschlossenen Augen, auf Zehenspitzen, auf den Fersen, auf den Fußaußen- und -innenkanten, mit nach außen oder nach innen gedrehten Füßen, mit gekreuzten Beinen, in der Schrittstellung, in der Hocke ...).

Wichtig: Machen Sie alle Bewegungen mit, denn dann macht es Ihnen beiden viel mehr Spaß. Lassen Sie aber so weit wie möglich Ihren kleinen Vorturner die Bewegungsideen vormachen, und geben Sie höchstens kleine Anregungen.

Konferenz der Tiere

- **Sie brauchen:** einen Wasserball, einen Gymnastikball für Sie, ersatzweise eventuell einen Stuhl.

Gleichgewicht, Fantasie.

- Setzen Sie sich beide auf die Bälle (bzw. Sie auf den Stuhl oder den Boden) und üben Sie zuerst einfach das Gleichgewicht auf dem Ball.
- Fragen Sie: »Wie sieht ein Vogel aus?« (Lösung: Arme als Flügel ausbreiten.)
- Weitere Ideen: Hase: die Hände wandern hinter den Kopf als Ohren. Fisch: die Arme wie Flossen nach hinten ausgestreckt. Löwe: die Arme als Mähne um den Kopf gelegt. Elefant: mit Rüssel. 1 Eule: Die Daumen- und Zeigerfinger bilden Kreise, diese an die Augen halten. Affe: am Kopf kratzen.

Kleine Ballkünstler

- **Sie brauchen:** ein, zwei kleinere Bälle und einen Wasserball; einen Wäschekorb, später einen Hula-Hoop-Reifen.

Geschickt zielen, werfen und fangen.

- Sie und Ihr Kind stehen sich gegenüber. Zeigen Sie ihm, wie es seine Arme und Hände aufs Fangen vorbereiten soll: Arme gestreckt, die Handflächen leicht nach oben, Hände etwas auseinander.
- Probieren Sie es anfangs mit dem nicht ganz aufgeblasen Wasserball oder einem Igelball (siehe Seite 81).
- Werfen Sie Ihrem Kind den Ball aus geringer Entfernung zu. Fangen ist anfangs nicht einfach: Ihr Kind muss genau im richtigen Moment seine Hände bewegen.
- Kleine Kinder werfen den Ball noch längere Zeit von unten – erst mit drei Jahren gelingt der Wurf über den Kopf.
- **Variante:** Lassen Sie Ihr Kind die Bälle in den Wäschekorb werfen.
- **Und später?** Halten Sie den Korb höher, etwa in Kopfhöhe Ihres Kindes. Halten Sie den Reifen senkrecht und ermuntern Ihr Kind hindurchzuzielen.

Der Herbststurm

- **Sie brauchen:** ein Bettlaken oder ein anderes großes Stück leichten Stoff; mindestens eine weitere Person oder einige Spielkameraden zum Mitspielen.

Konzentration, Fantasie.

- Legen Sie das Tuch auf den Boden. Alle Mitspieler stehen drum herum und heben es etwas hoch. Zusammen bewegen sie das Tuch leicht auf und ab: »Der Wind kommt, spürt ihr das?« 2
- Natürlich nimmt die Windstärke mit der Zeit zu. Begleiten Sie das Spiel sprachlich: Wenn der Wind ganz stark pfeift, müssen Sie auch lauter sprechen.
- Ein Herbststurm bringt meist Regen mit sich: laut mit den Füßen trampeln.
- Jeder Sturm flacht einmal ab: Das Tuch wird langsamer bewegt und sinkt zum Schluss flach zu Boden.
- **Variante:** Falls mehrere Personen zu Besuch sind, kann Ihr Kind oder abwechselnd ein anderes unter dem Tuch liegen oder sitzen. Schön, den Sturmwind zu spüren!

2 So ein stürmischer Herbst!

Geschicklichkeitsspiele

Die folgenden Spielideen eignen sich für gute Läufer und Kletterer – ungefähr ab zwei Jahren. Die Spiele bleiben bis weit in das Kingergartenalter hinein beliebt. Viele davon sind gut für draußen geeignet.

Gekrönte Häupter

- **Sie brauchen:** 2 Wurfkissen (siehe Seite 115).
- Haltung, Geschicklichkeit, Balancieren.
- Zeigen Sie Ihrem Kind, wie Sie mit dem Kissen Ihrem Kopf laufen und mit den Armen seitlich ausbalancieren.
- Geben Sie auch Ihrem Kind ein Kissen, das es sich auf den Kopf legt. Tragen Sie zusammen Ihre »Kronen« spazieren.
- Überlegen Sie gemeinsam, was man alles auf dem Kopf tragen kann (etwa ein flaches Kissen oder einen Ring aus dem Ringturm).
- **Variante:** Vielleicht kann Ihr Kind die Gegenstände auch auf der Schulter oder mit ausgestreckten Arm auf dem Handrücken balancieren.
- **Und später?** Kombinieren Sie das Spiel mit »Auf Schmalspur« (siehe Seite 60). Oder Sie bauen einen Parcours (siehe Seite 60).
  Aus einer dreiteiligen Matratze können Sie eine Treppe errichten. Hinauf- und Hinabsteigen und dabei Haltung bewahren ist gar nicht so einfach.

Bergsteigen

- **Sie brauchen:** 4–5 stabile Kinderstühle.
- Gleichgewicht, Fantasie.
- Stellen Sie die Stühle nah hintereinander. Die Lehnen sind die Berge.
- Ermuntern Sie Ihr Kind, auf den hintersten Stuhl zu klettern. Wie kommt es über den ersten Berg (Lehne)? Vielleicht braucht es bei der ersten Bergtour Ihre helfende Hand.
- Vom letzten Stuhl abspringen (zuerst an Ihrer Hand). Nächste Runde!
- **Und später?** Zuerst hält sich Ihr Kind an den Lehnen fest. Dreijährige steigen freihändig über die Gipfel: immer mit dem gleichen Bein zuerst.

Von Stein zu Stein

- **Sie brauchen:** mehrere Bierdeckel, einige Ziegelsteine, eine Decke.
- Gleichgewicht.
- Legen Sie die Decke als Fluss auf den Boden. Verteilen Sie Bierdeckel und Steine so darauf, dass Ihr Kind von einem zum anderen gehen kann und trockenen Fußes über den Fluss kommt.
- **Und später?** Den Abstand der Steine vergrößern: Jetzt heißt es springen!
- **Tipp:** Vielleicht finden Sie beim gemeinsamen Spaziergang große, flache Steine für das Spiel. In der warmen Jahreszeit kann Ihr Kind im Bach barfuß von Stein zu Stein hüpfen.

Eimerlauf

- **Sie brauchen:** 4–5 etwa gleich große Eimer, zum Beispiel größere Putzeimer.

Gleichgewicht.

- Stellen Sie die Eimer so hintereinander auf, dass Ihr Kind von einem Eimer auf den anderen steigen kann.
- Wie beim »Bergsteigen« brauchen Kleinere zuerst eine helfende Hand.
- **Und später?** Vergrößern Sie den Abstand und stellen Sie unterschiedlich hohe Eimer auf.
  Wenn Ihr Kind es ohne Ihre Hand schafft, können Sie immer wieder schnell den hintersten Eimer nach vorn stellen: eine endlose Eimerstraße. Ihr Kind versucht wahrscheinlich schneller zu sein als Sie – welch ein Spaß!

Wichtig: Der Boden muss rutschfest sein, etwa Gras oder Teppichboden.

Schubkarre fahren

Muskulatur, Gleichgewicht, Fantasie.

- Bitten Sie Ihr Kind, sich bäuchlings auf den Boden zu legen. Erzählen Sie ihm, dass Sie altes Laub wegbringen müssen.
- Schichten Sie den »Laubhaufen« auf seinen Rücken. Umfassen Sie seine Unterschenkel (anfangs eventuell die Oberschenkel) und heben die »Schubkarre« an. Die Arme Ihres Kindes sind die Räder. 1

1 Eine lustige Schubkarre!

- Bis alles am Komposthaufen abgeladen ist, braucht es einige Fahrten.
- **Variante:** Überlegen Sie gemeinsam, was alles mit einer Schubkarre transportiert werden könnte. Auch der Teddy kann mitfahren!

Kegeln

- **Sie brauchen:** einen Ball, leere Blechdosen. Scharfe Innenkanten der Dosen kleben Sie mit Isolierband ab.

Hand-Augen-Koordination.

- Bauen Sie aus den Dosen gemeinsam einen nach oben kleiner werdenden Turm. Später kann Ihr Kind es allein.
- Zeigen Sie Ihrem kleinen »Kegelbruder«, wie man den Ball rollt, um den Dosenturm mit Krach umzuwerfen.
  Der Abstand zum Turm sollte anfangs gering sein: je nach Geschicklichkeit ein bis zwei Meter.
- **Variante:** Stellen Sie als Ziel 4–5 1-Liter-Plastikflaschen nebeneinander.

Eishockey für Einsteiger

- **Sie brauchen:** ein Wurfkissen (siehe Seite 115), einen Stock, glatten Boden.

Hand-Augen-Koordination, Zielsicherheit.

- Legen Sie das Säckchen auf den glatten Boden. Geben Sie Ihrem Kind den Stock und fragen: »Kannst du das Säckchen mit dem Stock bewegen?«
- Sie können auch Ziele nennen: unter den Stuhl, den Tisch, hinters Sofa …
- **Variante:** Ihr Kind kann das Wurfkissen auch mit der Hand schleudern.
- **Tipp:** Puck für Eilige: Zwei Söckchen ineinander stecken – fertig!

Liegestütz für Einsteiger

Kräftigung der Armmuskeln.

- Machen Sie ein paar Liegestütze, damit Ihr Kind sieht, wie es geht.
- Ihr Kind liegt auf dem Bauch. Fassen Sie es um seinen Brustkorb: Ihre Daumen liegen auf seinem Rücken, die Finger gespreizt auf seinem Brustkorb (Schalengriff). Heben Sie es etwas hoch. Vielleicht stemmt es sich bald mit Händen und Zehen ab. Helfen Sie ihm nur so weit wie nötig! 1
- Runter geht es allein. Kurz vor dem Boden zu stoppen gelingt erst viel später. »Papa macht Liegestütze – ich auch, mit Pause!« Der Teddy kann übrigens unten durch krabbeln.

Schneidersitz

Gleichgewicht.

- Setzen Sie sich neben Ihrem Kind auf den Boden, sodass Sie beide in die gleiche Richtung schauen.
- Gehen Sie nun in den Schneidersitz. Ihr Kleines ahmt Sie sicher nach. Welches Bein wohin kommt, ist ihm anfangs noch nicht ganz klar – es klappt aber immer besser.
- **Variante 1:** Schmetterling: Im Schneidersitz mit den Armen »flattern«.
- **Variante 2:** Seitlich hin- und herschaukeln – ein Boot im Sturm (siehe »Fährt ein Schifflein« Seite 108). Der Teddy kann auch mit ins Boot.

Tarzan unterwegs

- **Sie brauchen:** einen Besenstiel, eine weitere Person zum Mitspielen.

Armmuskulatur, Geschicklichkeit.

- Halten Sie mit Ihrem Spielpartner die »Turnstange« so hoch, dass Ihr Kind (ab etwa zwei Jahren) sich daran festhalten kann. Heben Sie die Stange mit Ihrem Kind daran hoch, sodass seine Füße etwa zehn Zentimeter über dem Boden sind. Ermuntern Sie es die Beine anzuziehen und abzuspringen.
- **Variante:** Ihr Kind hält im Stehen die Stange fest. Fragen Sie nun, ob es die Beine anziehen kann. Später kann es hin und her schaukeln. 2

1 Mini-Liegestütz.

2 »Ich Jane, und du ...?«

3 Für Gedächtniskünstler.

Konzentrations- und Spannungsspiele

Bei den folgenden Spielen ist besondere Konzentration gefordert. Voller Spannung (kaum auszuhaltender Wonneangst) wartet das Zweijährige in seinem Versteck darauf, gefunden zu werden. »Da!« – und die Spannung ist weg. Eines der ersten »Spannungs-Entspannungs-Spiele« war im ersten Lebensjahr Ihres Babys das Kuckuck-Spiel, bei dem ein Tuch über den Kopf gelegt und dann plötzlich weggezogen wird. Auch die Ein- bis Zweijährigen lieben es noch!

Memory für die Kleinsten

- **Sie brauchen:** 3 Plastikbecher und ein kleines Spielzeug.
- Erinnerungsvermögen, Gedächtnis.
- Stellen Sie die Becher umgedreht vor Ihr Kind. Legen Sie das Spielzeug vor seinen Augen unter einen der Becher.
- Fragen Sie, wo das Spielzeug ist. Sie können auch mal auf den »falschen« Becher zeigen und fragen: »Ist die Ente da? Nein!« 3
- **Und später?** Legen Sie unter jeden Becher ein anderes Spielzeug und fragen Sie nach einem davon. Noch später, ab etwa drei Jahren, verstecken Sie wieder ein Spielzeug unter einem Becher, verschieben dann die Becher einmal und fragen: »Wo ist die Ente jetzt?«

Luftballons in der Decke

- **Sie brauchen:** eine Decke, mehrere aufgeblasene Luftballons, eine weitere Person zum Mitspielen.

Schnelligkeit.

- Legen Sie die Decke auf den Boden und die aufgeblasenen Luftballons in die Mitte.
- Sie und Ihr Spielpartner heben die Decke an den Ecken vorsichtig hoch. Sagen Sie leise: »Auf die Plätze, fertig …«, dann ganz laut: »… los!« Geben Sie der Decke einen kräftigen Ruck nach oben. Die Luftballons fliegen durch den Raum – Ihr Kind rennt hinterher und holt sie.
- Halten Sie die Decke so, dass Ihr Kind die Ballons reinwerfen kann.
- Sagen Sie ab und zu: »Wo ist noch einer? – Da ist noch einer!«
- Wenn alle Ballons in der Decke sind, geht es mit Spannung von vorn los!

Ein Wäschekorb voll Bälle

- **Sie brauchen:** Wäschekorb mit unterschiedlichen Bällen (zum Beispiel aus der eigenen Werkstatt, siehe Seite 117).

Schnelligkeit, Wurfsicherheit.

- Stellen Sie den Wäschekorb mit den Bällen in die Mitte einer freien Fläche.
- Spannung: Heben Sie den Korb geheimnisvoll hoch. Sagen Sie langsam: »Auf die Plätze …«. Ihr Kind kann es kaum erwarten, bis die Bälle aus dem Korb gekippt werden und es sie fangen und wieder hineinwerfen kann (siehe auch »Ballkünstler«, Seite 67).
- **Tipp:** Für kleine Wohnungen eignet sich auch eine Schüssel mit 3–4 Bällen.

Raketenstart

- **Sie brauchen:** einen Luftballon

Schnelligkeit, Raumorientierung.

- Setzen Sie sich mit Ihrem Kind auf den Boden. Blasen Sie den Luftballon auf, aber nicht zuknoten. Halten Sie die »Rakete« fest und geben den Startschuss: »Auf die Plätze, fertig, los!« Die Rakete düst ab. Fehlstart: Rakete gelandet, aber wo? Ihr Kind sucht sie und bringt sie wieder zum Startplatz.

Schnee im Sommer!

- **Sie brauchen:** Schneebälle aus der eigenen Werkstatt (Seite 117), weiße Papierschnipsel oder Wattebausche, eine Babydecke oder ein großes Handtuch.

Feinmotorik, Geschicklichkeit.

- Legen Sie die gemeinsam hergestellten Schneebälle aufs Handtuch. Weiter geht's wie bei den »Luftballons in der Decke«; diesmal können Sie die Decke allein halten.

- **Tipp:** Heben Sie die Watte für den nächsten Schneefall auf. Schnipsel und Schneebälle landen im Altpapier. Das Herstellen macht Spaß, und Sie verbinden ein feinmotorisches Spiel mit einem großmotorischen.

Die Apfelernte

- **Sie brauchen:** einen Wäschekorb mit unterschiedlichen Bällen.

Schnelligkeit, Werfen.

- Stellen Sie den Korb in die Mitte des Raumes. Beginnen Sie die Bälle zu werfen, langsam und nicht zu weit. »Schnell wieder einsammeln, der Korb darf nie leer werden!«
- **Und später?** Tauschen Sie die Rollen.

Wo tickt es?

- **Sie brauchen:** einen laut tickenden Wecker oder eine Spieluhr.

Gehörsinn, einem Klang folgen.

- Lauschen Sie gemeinsam dem Geräusch: ganz nah, etwas weiter weg.
- Verstecken Sie die Uhr in einem anderen Zimmer. Suchen Sie gemeinsam: »Horch, wo ist die Uhr? – Da ist die Uhr!«
- Beim nächsten Mal sucht es die Uhr zuerst da, wo sie beim letzten Spiel war.
- **Tipp:** Für Krabbler und Läufer geeignet.
- **Und später?** Bitten Sie Ihr Kind, Sie zu suchen. Verstecken Sie sich hinter einer Tür, dem Sofa ... Dann Rollentausch.

Musik an – Musik aus!

- **Sie brauchen:** einen Kassettenrecorder.

Rhythmusgefühl.

- Erklären Sie Ihrem Kind die Spielregeln: Wenn Musik erklingt, darf es tanzen, wenn sie aufhört, muss es still stehen bleiben. Bei den ersten Malen machen Sie mit – dann sind Sie Discjockey!

Bei Beifall Bauchlandung

- **Sie brauchen:** einige Mitspieler; aber auch für zwei Spieler geeignet.

Konzentration, Reaktionsvermögen.

- Ein Erwachsener ist der Spielleiter, alle anderen laufen im Raum umher. Wenn der Spielleiter in die Hände klatscht, legen sich alle auf den Bauch.
- Noch spannender: Der Spielleiter führt die Hände ganz langsam zusammen: Wann kommt das Klatschen?
- **Und später?** Auch Ihr Kind kann das Kommando übernehmen.

Wasserexperimente

- **Sie brauchen:** 2 Becher auf einem Tablett, in einem ist Wasser.

Geschicklichkeit.

- Zeigen Sie Ihrem Kind, wie man Wasser von Becher zu Becher gießt. Nach und nach wird Ihr Kind immer geschickter.
- **Variante:** Super für die Badewanne oder draußen mit Sand statt Wasser!

Was ist das?

- **Sie brauchen:** Postkarten, Bierdeckel oder Ähnliches aus Karton.

Körperbewusstsein, Sprachverständnis.

- Ihr Kind liegt auf dem Rücken. Legen Sie die Karten nacheinander auf seinen Körper: auf Bauch, Stirn, Oberschenkel, Oberarme, Hände, Brust, Schultern ... Fragen Sie: Auf welchem Körperteil liegt die Karte?
- Irgendwann wird die Konzentration zu viel für Ihr Kind, und es bewegt sich, sodass alle Karten runterfallen. Kitzeln Sie es, schmusen und lachen Sie mit ihm: Das bringt Energie für neue Konzentration, und das Spiel beginnt von vorn!
- Tauschen Sie auch mal die Rollen.

Meine Hand – deine Hand

- **Sie brauchen:** Papier, Stifte.

Vorstellungskraft, Körpergefühl, »Ich bin ich«.

- Legen Sie Ihre Hand auf das Papier, Finger gespreizt. Zeichnen Sie die Konturen nach. Bitten Sie jetzt Ihr Kind, seine Hand auch auf das Papier zu legen, und zeichnen Sie seine Handkonturen ab. Ihrem Eineinhalb- bis Zweijährigen sagen Sie zuerst noch »Mamas Hand – Annas Hand«, aber gleich danach: »meine Hand – deine Hand«.
- **Variante 1:** Ziehen Sie beide die Socken aus. Jetzt werden die Füße verewigt.
- **Variante 2:** Fuß- und Handumrisse von allen Familienmitgliedern kommen auf zwei große Plakate. Hängen Sie sie auf und fragen Sie ab und zu, wem welche Hand, welcher Fuß gehört.

Was fehlt?

- **Sie brauchen:** 3 Dinge (etwa Spielzeug, Wäscheklammer, Bürste); Tuch.

Gedächtnis.

- Fragen Sie Ihr Kind nach den Namen der Gegenstände. 1
- Decken Sie das »Zaubertuch« über die Sachen und eine Ihrer Hände. Mit der anderen streuen Sie Zaubersalz darauf: »Hokus, Pokus, Fidibus – eins ist weg!« Heben Sie das Tuch mit Ihrer darunter liegenden Hand, in der Sie einen der Gegenstände verbergen: Welcher fehlt?
- **Und später?** Je nach Alter Ihres Kindes können Sie mehr als 3 Gegenstände verwenden.

1 Na klar – Wäscheklammer!

Ballwippe

- **Sie brauchen:** einen weichen Ball aus Stoff oder Schaumstoff.

Körperbeherrschung, Gleichgewicht.

- Ihr Kind liegt mit gestreckten, aneinander gelegten Beinen auf dem Rücken. Legen Sie den Ball auf seine Füße. Nun nimmt es die gestreckten Beine so hoch, dass der Ball langsam zum Bauch rollt und es ihn mit den Händen fangen kann. Gleich noch mal!
- **Und später?** Ihr Kind legt sich den Ball selbst auf die Füße. Bringen Sie Ihre eigene Ballwippe parallel dazu in Bewegung. Gutes Bauchmuskeltraining!

Eierwettlauf

- **Sie brauchen:** Plastikostereier (oder leere Überraschungseier), Esslöffel.

Gleichgewicht.

- Jeder hält einen Löffel mit Ei in der Hand. Mit gestrecktem Arm geht's los.
- **Variante:** Auf die Handfläche wird ein Wattebausch gelegt.
- **Und später?** Vielleicht probieren Sie es doch mal mit einem echten Ei!

Tütenrennen

- **Sie brauchen:** pro Person 1 Kaffeefilter (Größe 4), ebenso viele Tennisbälle; Buntstifte oder Wachsmalkreiden, ein (Bügel-)Brett.

2 Wer hat die Turbo-Tüte?

Fantasie, Geschicklichkeit.

- Malen Sie auf jede Tüte ein Gesicht. Ältere Kinder können dies selbst tun.
- Legen Sie ein Ende des Brettes auf einen etwa zehn Zentimeter hohen Gegenstand oder Bücherstapel.
- Setzen Sie jede Tüte auf einen Tennisball. Nach »Auf die Plätze ...« geht's los. Je nachdem, wie breit das Brett ist, können ein bis drei Renntüten gleichzeitig nebeneinander fahren. **2**
- **Variante:** Auf glattem Fußboden fahren die Tüten ein Straßenrennen: immer wieder vorsichtig anschubsen.
- **Tipp:** Jedes Kind darf seine Renntüte mit nach Hause nehmen.

Auf die Treppe, fertig, los!

Genaues Zielen, Kraftdosierung, Zahlenverständis.

- Ihr Kind steht vor der Treppe und darf den Ball auf die erste Stufe werfen. Der Ball rollt zurück. Nun zielt es auf die zweite Stufe, dann auf die dritte ...
- **Tipp:** Für drinnen oder draußen.

Der Rhythmus, in dem man gehn muss!

- **Sie brauchen:** Topfdeckel und Kochlöffel oder Handtrommel und Schläger.

In wechselndem Rhythmus laufen.

- Trommeln oder klatschen Sie den Rhythmus. Ihr Kind versucht in diesem Rhythmus zu laufen. Wenn Sie stoppen, bleibt es stehen – und weiter geht's.

Spieglein, Spieglein ...

Nachahmung, Konzentration.

- Setzen Sie sich Ihrem Kind gegenüber auf den Boden. Ihr Kind ist Ihr Spiegel und ahmt Ihre Bewegungen zeitgleich spiegelbildlich nach: Sie fassen mit Ihrer rechten Hand an Ihre Nase, falten die Hände ...
- Tauschen Sie auch mal die Rollen.
- **Variante:** Das Gleiche im Stehen – jetzt kommen auch die Beine ins Spiel!

Wichtig: Führen Sie alle Bewegungen im Schneckentempo vor.

Strohhalmsauger

- **Sie brauchen:** 2 Strohhalme, Papierschnipsel und Wattebausche, 2 Teller.

Konzentrationsfähigkeit.

- Legen Sie die Papierschnipsel auf den Tisch, etwas davon entfernt die Watte.
- Einigen Sie sich, in welchen Teller die Schnipsel sollen, in welchen die Watte.
- Zeigen Sie Ihrem Kind, wie es durchs Ansaugen mit dem Strohhalm die Schnipsel auf den Teller befördern kann.
- **Tipp:** Beim Geburtstag bekommt jedes Kind die gleiche Menge Schnipsel und Watte. Auf die Plätze ... Wer ist am schnellsten?

Schuh- und Sockensalat

- **Sie brauchen:** Mindestens einen weiteren Spielpartner, jeder hat Socken und Hausschuhe an.

Gedächtnis, Schnelligkeit.

- Alle sitzen im Kreis auf dem Boden. Bitten Sie Ihre Mitspieler Schuhe und Socken auszuziehen und in die Mitte zu legen.
- Erzählen Sie, dass es gleich leckeren Salat gibt. Diesen »bereiten Sie zu«: Mischen, Würzen, Sauce darüber ...
- Fertig! Nach »Auf die Plätze ...!« darf Ihr Kind jedem seine Portion bringen (die richtigen Socken und Schuhe).
- Spielen mehrere Kinder mit, darf jedes einmal die Portionen austeilen.

Sonne und Regen

- **Sie brauchen:** einen Hula-Hoop-Reifen oder eine zusammengefaltete Decke.

Gedächtnis.

- Legen Sie Reifen oder Decke auf den Boden. Ihr Kind setzt sich hinein. Sagen Sie ihm, dass es in seinem Haus sitzt.

- Zuerst ist schönes Wetter: Ihr Kind darf draußen laufen und springen. Dann kommen dunkle Wolken, es tröpfelt. Bei lautem Händeklatschen (Donner!) muss Ihr Kind schnell nach Hause.

Über die Kreuzung

Aktivierung und Verknüpfung beider Gehirnhälften, Sprachentwicklung.

- Sie stehen neben Ihrem Kind und sagen: »Fasse mit der rechten Hand an dein linkes Ohr.« Machen Sie es gleichzeitig vor. »Nun fasse mit der linken Hand ans rechte Ohr.«
- Weitere Überkreuzungen: Ellbogen ans andere Knie, Hand ans Auge ...).

Die lebenden Luftballons

Konzentration, Fantasie.

- Sie und Ihr Kind sind leere Luftballons. Machen Sie sich ganz klein: hinhocken, Kopf einziehen, Arme um die Knie.
- »Endlich kommt Papa und pustet.« Sie machen ein Puste-Geräusch.
- Der Ballon wächst (langsam aufrichten). Jetzt ist er ganz groß (stehen, mit den Armen einen »Bauch« machen).
- Oh, der Ballon fliegt (sich kreiselnd im Raum bewegen)! Da kommt ein starker Wind durchs Fenster und nimmt ihn mit (sich noch schneller bewegen).
- Ein Vogel fliegt auf den Ballon zu – piks! (Laut in die Hände klatschen). Die Luft geht langsam aus (das entsprechende Geräusch machen, immer kleiner werden, bis zur Ausgangsposition zurück).
- »Wir brauchen einen neuen Luftballon. Den blauen? Papa pustet ...«

Das bin ich!

- **Sie brauchen:** ein großes Stück Papier (größer als Ihr Kind), Stifte.

Körperwahrnehmung.

- Ihr Kind legt sich rücklings aufs Papier, die Beine sind etwas auseinander, die Arme leicht vom Körper weg.
- Zeichnen Sie nun seine Umrisse nach: »Jetzt umkreise ich deinen Kopf. Jetzt am Hals entlang ...«
- Ihr Kind darf nun ans Werk: »Wo sind deine Augen, dein Mund ...?
- **Tipp:** Fragen Sie Ihr Kind: »Welche Farbe hat dein Pulli?« Es sucht einen Stift aus. Sie bestätigen: »Ja, rot!«

1 »Gleich gibt's mich doppelt!«

Mit allen Sinnen

Babys hören schon im Mutterleib, sehen von Anfang an farbig, bevorzugen bestimmte Geschmacksrichtungen und lassen sich durch Streicheln (über die taktile Wahrnehmung, den Berührungssinn) beruhigen.

Wahrnehmungsspiele

Die Spiele in diesem Kapitel fördern den Bereich der Sinneswahrnehmungen ganz besonders. Natürlich werden bei allen Spielen in diesem Buch die Sinne angesprochen – etwa beim Laufen nach einem bestimmten Musikrhythmus, beim Betrachten und Merken von Gegenständen, beim Erfühlen von Dingen …
Es ist aber auch möglich, die Wahrnehmung gezielt zu fördern. Auf den folgenden Seiten finden Sie deshalb besonders schöne Sinnesspiele für Sie und Ihr Kind, bei denen jeweils ein oder zwei Sinne im Vordergrund stehen. Sicher werden einige davon zu Lieblingsspielen, an denen Sie und Ihr Kind lange Zeit viel Freude haben werden.

Warm und kalt

- **Sie brauchen:** 2 Gefrierbeutel à 3 Liter.
- Taktile Wahrnehmung.
- Füllen Sie eine Tüte mit kaltem, eine mit warmem Wasser. Lassen Sie Ihr Kind die Tüten abwechselnd fühlen. Sprechen Sie darüber, wie sich die unterschiedlich warmen Tüten anfühlen.
- **Variante:** Geben Sie in eine Waschschüssel warmes, in eine andere kaltes Wasser. Jetzt kann Ihr Kind die unterschiedlichen Temperaturen erkunden: mal die Arme bis zum Ellenbogen eintauchen, mal die Füße hineinstellen.
- **Tipp:** Machen Sie bei der frühsommerlichen Fahrradtour eine kurze Pause an einem Fluss oder Bach und tauchen die warmen Füße ins kalte Wasser ein – oder vielleicht auch einige Schritte auf den nassen Steinen. Dann wieder Socken und Schuhe anziehen – wie wunderbar warm!

Kitzi, Kitzi

- **Sie brauchen:** Watte oder Feder.
- Taktile Wahrnehmung, Wonneangst.
- Streicheln und kitzeln Sie Ihr Kind mit einem Wattebausch oder einer Feder – mal langsam, mal schneller. Lassen Sie sich auch mal streicheln und kitzeln.
- **Tipp:** Viele Reime (siehe Seite 102) fördern die taktile Wahrnehmung und enden oft mit Kitzeln (»Kommt ein Bär ...«).

Wichtig: Achten Sie auf die Reaktion Ihres Kindes. Wenn es zeigt, dass es zu viel ist, hören Sie unbedingt auf (siehe Seite 39).

Duftmandarine

- **Sie brauchen:** einige Mandarinen, ganze Gewürznelken.
- Geruchssinn, Feinmotorik.
- Zeigen Sie Ihrem Kind, wie Sie die Nelken einzeln durch die Schale der Mandarine stecken. Schon Eineinhalbjährige können die Nelken durch die recht weiche, dünne Haut stechen. Ältere Kinder können in gleicher Weise Duftorangen herstellen.
- Wie herrlich duften diese Boten der Vorweihnachtszeit!

Trommelstraße

- **Sie brauchen:** Gegenstände zum Trommeln, etwa einen großen Topf, eine Plastikschüssel, eine Blechdose, Holzkochlöffel und Plastikkochlöffel.
- Unterschiedliche Töne hören, Hand-Augen-Koordination.
- Stellen Sie die unterschiedlichen »Trommelgefäße« umgedreht nebeneinander und geben Ihrem Trommler zuerst einen der Schläger (Kochlöffel). Jetzt kann es unterschiedliche Töne produzieren. Sie begleiten es sprachlich: »Das klingt hoch, das andere tiefer; das klingt hell und das dumpf ...«

Bunte Fußstraße

- **Sie brauchen:** 2 Tapetenstücke (je 1 bis 2 m lang) oder 1 Tapetenstück und Pappteller, Fingerfarben, 2 Waschschüsseln.

Sinnliche Fußerfahrung, Wahrnehmung der Füße, Farbwahrnehmung.

- **Tipp:** Dieses Spiel eignet sich am besten für draußen. Ihr Kind ist barfuß – bei schönem Wetter ganz nackt.
- Auf zum Straßenbau: Legen Sie den kürzeren Tapetenstreifen oder einen Pappteller vor dem langen auf ebenen Boden. Stellen Sie ans Ende der Straße die zwei Waschschüsseln mit Wasser.
- Auf dem ersten Streifen oder dem Pappteller verteilen Sie einen Klecks Fingerfarbe (gekaufte ist besser, die selbst gemachte ist glitschiger).
- Ihr Kind kann jetzt mit seinen Füßen die Farbe verteilen, bis seine Fußsohlen voll Farbe sind. Dann geht es mit großen und kleinen Schritten die Straße (den langen Streifen) entlang. 1

1 Der Farbe auf der Spur ...

- Zum Schluss die Füße in der ersten Schüssel gut waschen, in der zweiten nachspülen.
- Wiederholen Sie das Gleiche mit weiteren zwei bis drei Farben; am besten wechseln Sie den ersten Streifen aus.
- Fertig? Wo könnte diese bunte Fußstraße eine Zeitlang hängen?
- **Variante 1:** Jedes Familienmitglied läuft mit seiner Lieblingsfarbe die Straße entlang: Das sind wir!
- **Tipp:** Für drinnen decken Sie den Boden (glatt, abwaschbar!) mit alten Zeitungen ab. Die Straße kann auch kürzer sein – eventuell nur mit zwei Fußabdrücken. Halten Sie ein Handtuch bereit.
- **Variante 2:** Geben Sie auf einen Tapetenstreifen mehrere Farbkleckse, die mit den Füßen verteilt werden: Ergibt tolle Muster! Das Spiel sollte nicht zu wild werden, damit es keine größeren Ausrutscher gibt. Auch Ihr Teppich könnte leiden – also nur für draußen geeignet!
- **Variante 3:** Die Straße der Auf-den-Händen-Läufer (geht auch am Tisch sitzend) – oder die Straße der Vierfüßler.

Luftballons – laut und leise

- **Sie brauchen:** 4 Luftballons, je 1 Esslöffel Reis, getrocknete Erbsen, Zucker und Sand.

Tastsinn, Hörsinn.

- Blasen Sie alle Luftballons möglichst groß auf und lassen Sie dann die Luft heraus (so platzen die Ballons später nicht so schnell).

- Füllen Sie die Ballons mit den verschiedenen Materialien. Dann blasen Sie die Ballons mittelgroß auf und knoten sie fest zu (siehe Seite 118).
- Laut-leise-Spiel: Sie und Ihr Kind schütteln die Ballons ganz fest – das kracht schön laut! Leise schütteln ist viel schwieriger.
- Spüren: Beim Schütteln kitzelt die Füllung schön auf den Handflächen – Erbsen kitzeln kräftiger als Zucker. Wenn man aufhört zu schütteln, bewegen sich die Teile im Ballon weiter: langsamer und langsamer.
- Sehen: In hellen Luftballons kann man die Erbsen oder den Reis herumflitzen sehen und staunen: »Ich bringe all dies in Bewegung!«
- **Und später?** Ballon-Memory. Geben Sie in zwei von vier dunkle Luftballons die gleiche Füllung. Ihr Kind findet die beiden durch Fühlen und Hören (eventuell mit verbundenen Augen).

Mit dem Ball atmen

- **Sie brauchen:** eine Decke, einen Wasserball, einen kleineren Ball.
- Körpergefühl, Konzentration.
- Legen Sie die Decke auf den Boden, Ihr Kind legt sich rücklings darauf.
- Blasen Sie den Wasserball auf – nicht ganz fest. Legen Sie ihn auf den Bauch Ihres Kindes. »Spürst du, wie sich der Ball im Rhythmus deines Atems auf und ab bewegt?«
- **Und später?** Legen Sie Ihrem Kind einen kleineren Ball auf den Bauch. Jetzt ist höchste Konzentration verlangt, damit der Ball nicht runterfällt.

Massageball

- **Sie brauchen:** einen Igelball (aus dem Sanitätsfachgeschäft).
- Körperwahrnehmung, taktile Wahrnehmung.
- Ihr Kind sitzt barfuß auf seinem Kinderstuhl. Legen Sie den Igelball auf den Boden zu seinen Füßen: Nun kann es den Ball abwechselnd unter seinen Fußsohlen hin und her rollen. Wie gut das tut!
- Falls Sie zwei Massagebälle haben, können Sie gleichzeitig ebenfalls eine Fußmassage genießen, ansonsten wechseln Sie sich ab: »Jetzt bin ich dran«.
- »Welche Körperteile kannst du selbst massieren?« (Beine, Arme, Bauch, Schultern, vielleicht den Po).
- »Komm, ich massiere dir deinen Rücken. Leg dich mal auf den Bauch. Vielleicht massierst du dann auch meinen Rücken?«

Auf dem Tisch – unterm Tisch

- **Sie brauchen:** einen stabilen Kindertisch, zwei Kinderstühle.

Körperwahrnehmung, Sprachverständnis.

- Sie und Ihr Kind setzen sich an den Kindertisch (oder auch an den Küchentisch, Ihr Kind in seinem Hochstuhl).
- Sagen Sie nun zum Beispiel: »Die Hände liegen auf dem Tisch.« Legen Sie Ihre Hände auf den Tisch, Ihr Kind ahmt Sie nach.
- Einige Ideen: Man kann auf und unter dem Tisch mit den Fingern oder Fäusten trommeln oder in die Hände klatschen. Man kann Arme, Ellenbogen, Füße, Nase, Ohr, Bauch ... auf den Tisch legen. Großen Spaß macht »Wir sitzen auf dem Tisch – und jetzt drunter!« Ob Sie beide auf dem Kindertisch Platz haben?
- Probieren Sie immer mal aus, ob Ihr Kleines die sprachliche Aufforderung allein schon versteht: Warten Sie etwas, bevor Sie die Bewegung vormachen.
- **Tipp:** In Süddeutschland und Österreich kann »Fuß« auch das Bein bezeichnen. Machen Sie den Unterschied klar!

Wichtig: Erklären Sie Ihrem Kind, warum etwa die Füße mal auf dem Tisch sein dürfen, dann wieder nicht. Wenn Sie einen Kindertisch haben, trennen Sie Spiel- und Essbereich. Andernfalls sagen Sie: »Jetzt ist unsere Spielzeit«, und wenn das Spiel aus ist, wird der Tisch abgewischt.

Was ist im Zauberbeutel?

- **Sie brauchen:** einen Stoffeinkaufsbeutel oder einen Turnbeutel, einige bekannte Sachen wie Löffel, Wäscheklammer, Schere, Spielzeugauto ...

Durch Tasten Gegenstände erkennen (taktile Wahrnehmung), Sprachverständnis.

- Stecken Sie einen Gegenstand, den Ihr Kind gut kennt, in den Beutel. Lassen Sie es seine Hand hineinstecken und durch Tasten raten, was darin sein könnte. Helfen Sie ihm etwas: »Ist es hart oder weich, rund oder eckig, ist es zum Spielen oder zum Essen ...?«
- Wenn Ihr Zauberlehrling zu wissen glaubt, was es ist, darf er es rausholen: »Oh, wirklich ein Löffel!«
- **Und später?** Im Beutel können 2–4 geheimnisvolle Gegenstände sein.
- **Variante:** Statt des Zauberbeutels können Sie auch eine Zauberbox herstellen (siehe Seite 116).
- **Tipp:** Lassen Sie sich von jemandem einige nicht zu leicht zu erratende Gegenstände im Zauberbeutel verstecken: Ihre Hände senden dem Gehirn Signale von der Form und Beschaffenheit, die das Gehirn überprüft und zum Beispiel als Kappe eines Filzstiftes identifiziert – oder eben nicht!
- **Tipp:** Sie können den Zauberbeutel mit aufgenähten Formen aus Stoff, Perlen, einem Plüschrand ... verzieren.

1 Mmmh, das duftet!

Feine Nase

- **Sie brauchen:** Obst und Gemüse, das Ihr Kind gern isst und gut kennt.

Den Geruchsinn aktivieren.

- Schneiden Sie das Obst/Gemüse in größere Stücke, die man gut aus der Hand essen kann (ab zweieinhalb Jahren kann Ihr Kind Ihnen beim Schneiden helfen).
- Bitten Sie Ihren kleinen Koch, die Augen zu schließen. Lassen Sie ihn nun an einem Obst- oder Gemüsestück riechen. »Wonach riecht es? Was könnte es sein?« 1
- Anschließend werden die »Duftproben« gegessen, oder es werden gleich gemeinsam noch mehr davon für den Obstsalat oder die abendliche Gemüsesuppe geschnippelt.

Schüttel-Memory

- **Sie brauchen:** 4–6 undurchsichtige Filmdöschen; getrocknete Erbsen, Reis, Perlen, Sand ...

Den Hörsinn verfeinern, Konzentration.

- Füllen Sie je 2 Filmdöschen mit dem gleichen Inhalt in der gleichen Menge.
- Geben Sie Ihrem Kind die Dosen: »Welche zwei sind gleich?« Beim Schütteln lernt es den Klangunterschied zu hören. Beginnen Sie mit 4 Dosen, später steigern Sie die »Dosis«.
- Der Test: Sie machen die Dose auf – »Stimmt, in beiden sind Erbsen!«

Pizzaservice

- **Sie brauchen:** eine Decke.

Taktile Wahrnehmung, Fantasie.

- Ihr Kind liegt bäuchlings auf der Decke, Sie sind der Pizzabäcker. Zuerst wird der Teig gemacht: Mehl, Salz, Wasser und Öl werden auf den Rücken Ihres Kindes geschüttet und kräftig geknetet.
- Nun rollen Sie den Teig mit Ihrem Unterarm kräftig aus.
- Oben drauf wird die Tomatensauce gestrichen. Dann kommt der Belag – ganz nach Wunsch des Bestellers: Schinken oder Salami, Brokkoli oder Champignons ... Zum Schluss wird Käse darüber gestreut.
- Nun muss die Pizza in den (Holz-)Ofen: Mit der Decke in eine Ecke ziehen.
- Die fertige, duftende Pizza wird genüsslich verspeist: Schmusen Sie mit Ihrem Kind, kitzeln und necken Sie es.
- **Und später?** Lassen Sie sich auch mal zur Pizza verarbeiten – tut gut!

1 Rund wie ein Schneemann.

Schneemann-Geschichte

Sprache, Fantasie, Konzentration.

- Erzählen Sie die folgende Geschichte und führen Sie die Bewegungen dazu aus – Ihr Kleines macht mit.
- »Hurra, es hat geschneit. Wir bauen einen Schneemann! Zuerst rollen wir eine Kugel. Sie wird immer größer und schwerer, wir müssen uns gemeinsam ganz schön anstrengen! Jetzt brauchen wir eine zweite, etwas kleinere für den Bauch. Hilf mir sie zu tragen und auf die erste zu heben.
- Jetzt wird es wieder leichter: Der Kopf und die Arme sind kleinere Kugeln. Wer weiß, wann es wieder so viel Schnee gibt: Wir bauen gleich noch einen Schneemann, damit der erste Gesellschaft hat!«
- Nun sind zwei Schneemänner fertig. Sie stellen sich an den Platz des einen und versetzen sich in seine Lage: Ganz still stehen und mit den Armen einen dicken Schnee-Bauch formen. Fordern Sie Ihr Kind auf, das Gleiche zu tun. 1
- »Brrr, ist das kalt! Gut, dass die Sonne scheint. Es wird wärmer und wärmer. Aber was ist das? In der Wärme fangen die Schneemänner an zu schmelzen: Sie werden kleiner und kleiner (langsam in die Hocke gehen). Jetzt ist nur noch eine Kugel übrig (sich klein einrollen). Die Sonne scheint und scheint – zum Schluss ist nur eine Pfütze übrig« (eine Zeit lang auf dem Bauch liegen).
- Etwas ältere Kinder können sich länger konzentrieren: Bleiben Sie noch etwas länger in der Fantasiewelt: »Über Nacht wird es kälter, es fängt an zu schneien. Am Morgen ist alles wieder dick verschneit. Komm, wir bauen einen Schneemann ...!«
- **Varianten:** Sie und Ihr Kind können selbst Geschichten erfinden und sich Bewegungen dazu ausdenken. Beispiele: Im Frühling schlüpft ein Osterküken aus (eingerollt liegen, Klopfgeräusch, Küken schlüpft aus – Piep, Piep, das Küken geht mit Mama auf Erkundungen). Radtour im Sommer (auf dem Rücken liegen, mit den Beinen treten). Im Herbst weht ein Sturm durch die Bäume (im Stehen mit nach oben ausgestreckten Armen hin und her schwanken, zum Schluss fallen die Bäume sogar um!).

Die geheimen Geräusche

- **Sie brauchen:** einen Kassettenrecorder mit eingebautem Mikrofon oder mit Mikrofonanschluss.

Hörsinn verfeinern.

- Dieses beliebte Spiel braucht etwas Vorbereitung: Nehmen Sie typische Alltagsgeräusche auf: Haustürklingel, Telefon, Saft einschenken, Kaffeemaschine, Türschloss, Toilettenspülung ...
- Spielen Sie Ihrem Kind die Geräusche einzeln vor: »Was könnte das sein?«
- **Und später?** Nehmen Sie gemeinsam Geräusche auf – drinnen und draußen. Sie später wieder zu erraten ist schwieriger, als man denkt!
Lassen Sie Ihr Kind selbst Töne und Geräusche produzieren. Vielleicht singt oder spricht es auch gern ins Mikrofon (der Grundstein für spätere spannende Hörspiele!).

WASSER – EIN TOLLES ELEMENT

TIPP

Naturerlebnisse sind sehr wichtig für eine ganzheitliche Förderung. Besonders schön, aufregend und entspannend kann es sein, das Element Wasser in seinen vielen Formen zu entdecken.

- Lassen Sie Ihr Kind nackt durch den warmen Sommerregen laufen. Falls dies nicht möglich ist, gehen Sie mit ihm nur mit T-Shirt und kurzer Hose bekleidet durch den warmen Regen. Tropfnass zu werden ist abenteuerlich! Platschend durch Pfützen zu laufen und hineinspringen zu dürfen – was kann schöner sein! Geht auch bei kaltem Wetter: mit Gummistiefeln, Regenhose und -jacke.
- Mit Gießkanne, Gartenschlauch und Sprühflasche kann man draußen tolle Wasserschlachten machen. Plastikflaschen mit Wasser gefüllt eignen sich gut als Wasserpistolen.
- In der Badewanne kann man auch toll mit dem Nass spielen. Trockengerubbelt zu werden ist eine schöne sinnliche Erfahrung – eingecremt zu werden oder sich selber eincremen ebenfalls.
- Lauschen Sie mit Ihrem Kind dem Regen und dem Gewitter. Welch ein Ereignis!
- Gehen Sie nach dem Regen zusammen im Wald oder im Park spazieren: Schön, wie die letzten Tropfen von den Blättern und Zweigen fallen und wie sich die nassen Baumstämme anfühlen. Wie herrlich das nasse Laub duftet!
- Bringen Sie eine Hand voll Schnee mit ins Haus und beobachten Sie gemeinsam, wie er langsam auf dem Teller schmilzt – oder auf der warmen kleinen Hand!
- Entdecken macht durstig: Wie herrlich schmeckt kaltes Wasser – oder warmer Tee!

Spielen und hantieren

Mit etwa einem Jahr beherrschen Kinder den Zangengriff mit ausgestrecktem Zeigefinger und Daumen. Die Dreijährigen haben diese Technik schon erstaunlich weiterentwickelt und verfeinert: Sie schneiden mit der Schere einigermaßen gerade. Beide Entwicklungsschritte setzen voraus, dass die Kleinen viele Möglichkeiten bekommen, ihre feinmotorischen Fähigkeiten auszuüben und zu verfeinern. Die folgenden Ideen unterstützen Ihr Kind dabei: vom Zangengriff bis zum Schneiden mit der Schere!

Spiele für die Hände

Die Spiele auf den folgenden Seiten sind dafür gedacht, die Geschicklichkeit der Hände zu verfeinern. Daneben wird auch die Handmuskulatur trainiert, die Hand-Augen-Koordination geschult und vieles mehr. Ihr Kind übt dabei auch den Umgang mit Werkzeugen und verschiedenen Materialien. Diese Fähigkeiten kann es später zum Basteln schöner Gegenstände (ab Seite 111) wieder entsprechend anwenden.

Wirfst du das rein?

- **Sie brauchen:** eine große Kiste mit Deckel (oder den Karton vom »Kistenrennen« auf Seite 54); einige Bierdeckel, alte Postkarten oder Ähnliches.

Zielgenauigkeit, Handgeschicklichkeit, richtige Handposition.

- Schneiden Sie in die Mitte des Kistendeckels einen Schlitz, durch den Ihr Kind die Bierdeckel werfen kann. Wenn Sie die »Rennkiste« verwenden, drehen Sie sie mit der Öffnung nach unten und schneiden den Schlitz in den Boden.
- Wenn alle Bierdeckel drinnen sind, machen Sie den Deckel auf und holen gemeinsam alle wieder heraus. Oder Sie drehen die Kiste um: »Da!«
- Dieses beliebte Spiel ist sowohl für geschickte Krabbler (sie ziehen sich an der Kiste hoch) als auch für Läufer sehr gut geeignet.
- **Variante:** Ab dem 18. Monat fangen Kinder mit Sortierspielen an. Lassen Sie Ihr Kind mehrere Bierdeckel mit Wasserfarben einfarbig in Rot, Blau und Gelb anmalen.
  Jetzt brauchen Sie 3 Kartons. Lassen Sie Ihren kleinen Künstler die Deckel jeweils in einer Farbe bemalen.
  Diese etwas aufwendigen Vorbereitungen, die Sie am besten in Etappen machen, gehören bereits zum Spielen: »Wir haben es gemeinsam gemacht!« – Und Ihr Kind hat dabei viel gelernt.

Zauberflaschen

- **Sie brauchen:** eine Getränkekiste mit leeren 1-Liter-Flaschen, unterschiedliches Füllmaterial wie Erbsen, Reis, Perlen, Federn, Lebensmittelfarbe.

Herausnehmen und hineinstecken, Zielgenauigkeit.

- Füllen Sie den Großteil der Zauberflaschen mit unterschiedlichen Materialien. Einige Flaschen bleiben leer. Stellen Sie den Kasten in das Zimmer, in dem Ihr Kind sich gerade aufhält.
- Wahrscheinlich konnte Ihr Kind etwa ab dem 10. Monat die Flaschen aus der Kiste ziehen. Sie wieder hineinzustecken ist schwieriger und kommt deshalb später.
- **Tipp:** Ein Spiel, das ebenso Krabblern wie Läufern gefällt.
  Das Spiel eignet sich später auch gut als Alleinbeschäftigung für Ihr Kleines – Sie geben die Idee, es macht alles Weitere selbst! Wenn der Zauberkasten in der Küche steht, kann es damit spielen, während Sie kochen – oder mal wieder in aller Ruhe Zeitung lesen!
  Wichtig: Mit gut einem Jahr fangen Kinder an, Drehverschlüsse zu öffnen und zu schließen. Die Deckel und die Flaschenfüllungen können Ihrem Kind gefährlich werden, wenn es sie verschluckt. Streichen Sie deshalb etwas lösemittelfreien Kleber in die Deckel hinein und drehen Sie sie dann zu.

1 Und jetzt: Familienturm!

Daumenturm

Geschicklichkeit.

- Sie und Ihr Kind sitzen am Tisch oder auf dem Boden. Legen Sie Ihre Faust auf den Tisch oder den Boden und strecken den Daumen nach oben. Ihr Kind umklammert Ihren Daumen in seiner Faust und streckt ebenfalls den Daumen hoch. Jetzt sind Sie wieder dran.
- Sie haben nun einen vierteiligen Daumenturm. Versuchen Sie ihn nach links und rechts zu bewegen – schiefer Turm von Pisa! Aber Vorsicht, dass er nicht umfällt! Kann der Turm vielleicht auch fliegen?
- Großeltern freuen sich, wenn ihr Enkelkind Freude an »Butter, Butter, stampfe« hat: mit dem ganzen Turm im Rhythmus des Verses stampfen.
- **Variante:** Beim Familienturm sind alle Daumen beteiligt! 1

Laute Hände – leise Hände

Mit dem Körper Geräusche erzeugen.

- Setzen Sie sich mit Ihrem Kind auf den Boden oder an den Tisch. Klatschen Sie darauf – ganz leise, dann immer lauter.
- Trommeln Sie mit den Fingern – leise und laut. Gar nicht so einfach! Klatschen Sie beide auf die Oberschenkel, auf den Bauch, den Po – leise und immer lauter.
- **Und später?** Ihr kleiner Trommler musiziert mit Händen und Fingern auf Töpfen, Kartons, einer Waschschüssel …

Der Pisa-Turm

- **Sie brauchen:** Bauklötze.

Geschicklichkeit.

- Die Turmbauer-Karriere beginnt meist vor dem ersten Geburtstag: mit beiden Händen Bücher stapeln. Um den ersten Geburtstag können Kinder einen Turm aus zwei Bauklötzen bauen. Jetzt werden die Türme immer höher.
- Mehr Spaß macht es, wenn Mama und Papa mitbauen: »Einmal ich, einmal Mama!« Oder: Jeder baut seinen eigenen Turm. Irgendwann fällt er um – wenn nicht, dann wird nachgeholfen!
- **Und später?** Jetzt baut Ihr Kind auch horizontal (nebeneinander), dann werden beide Techniken verknüpft. Nun wird eine Burg gebaut – oder ein Stall für die Holztierchen.

Hokus, Pokus, Verschwindibus!

- **Sie brauchen:** Mini-Zauberschachteln (siehe Seite 119), kleine Gegenstände wie Murmeln, Knöpfe, Kekse ...

Fingerfertigkeit, Probleme lösen.

- Zeigen Sie Ihrem Kind (ab 18 Monaten), wie Sie einen Knopf in eine Schachtel legen und sie zuschieben. Weg ist er! Bitten Sie nun Ihr Kleines den Knopf herauszuholen – gar nicht so einfach.
- Ihr Kind wird lange damit beschäftigt sein, kleine Gegenstände wegzuzaubern. Allein das Auf- und Zuschieben der Schachtel begeistert es.

Rolle, Rolle, Rolle!

- **Sie brauchen:** Geschenkband oder bunten Wollfaden, 2 leere Küchentuchrollen, 2 Holzperlen.

Geschicklichkeit.

- Schneiden Sie 3 Meter von dem Geschenkband (der Wolle) ab und binden es um die Mitte der Haushaltsrolle. Am anderen Ende des Bandes befestigen Sie eine Holzperle. Am besten, Sie machen für sich selbst auch eine Rolle.
- Setzen Sie sich nun mit den Rolle(n) auf den Boden und legen die Holzperle so weit wie die Schnur reicht von der Rolle weg. Nehmen Sie die Rolle(n) mit beiden Händen an den Enden. Wie funktioniert das mit dem Einrollen? 2
- **Und später?** Anstatt der Holzperle können Sie je ein Spielzeugschiffchen oder -auto am Bandende befestigen. Welches Fahrzeug ist schneller?
- **Tipp:** Ihr Kind darf eine leere Eierschachtel mit Wasserfarben und eine leere Toilettenpapierrolle mit Wachsmalkreiden bunt bemalen. Die Rolle kleben Sie als Schiffskamin in die Mitte der Schachtel. Ganz nach hinten kommt die Flagge: Zahnstocher mit Papierstreifen oder ein Fähnchen vom Eisbecher. Nun die Schnur am Bug festbinden, und die Regatta kann beginnen.

2 Was rollt und rollt und rollt?

Sortierbox

- **Sie brauchen:** eine leere 10er-Eierschachtel, Wasserfarben, Pinsel, Bauklötze in Rot, Blau und Gelb.
- Zangengriff, Kategorisieren (Sortieren), Farben kennen lernen.
- Ihr Kind malt je drei Mulden der Eierschachtel rot und blau aus, die restlichen gelb. Jetzt muss der Kasten trocknen.
- Geben Sie ihm die Bauklötze, die es nach Farbe einsortieren kann (etwa ab dem 18. Monat). Obwohl Ihr Kleines die Farben noch nicht mit Namen kennt, bestätigen Sie ab und zu: »Ja, es ist rot!«
- **Tipp:** Schon das Einsortieren allein – ohne Farbe – macht großen Spaß: je ein Baustein in eine Mulde.

Wäscheklammerspiele

- **Sie brauchen:** bunte Wäscheklammern, später Pappteller, Stab und Kleber.
- Kategorisieren, Geschicklichkeit, Farben kennen lernen.
- Sortieren Sie zuerst gemeinsam: »Auf diesen Haufen kommen die weißen, auf diesen die blauen Klammern ...«. Bald kann Ihr Kind das allein.
- **Und später?** Immer geschickter öffnet Ihr Kind die Klammern, später befestigt es sie irgendwo. Bringen Sie doch an der Wand ein Stück Wäscheleine in seiner Augenhöhe an!
- **Tipp:** Bunter Vogel. Ihr Kind befestigt so viele Wäscheklammern, wie es selbst schafft, an seiner Kleidung – Sie helfen nur am Rücken. Jetzt kann der bunte Papagei herumfliegen.
  Auf Seite 95 finden Sie außerdem einen lustigen Bastelvorschlag mit Wäscheklammern, bei dem Ihr Kind seine neuen Fähigkeiten erproben kann.

Auf- und zuschrauben

- **Sie brauchen:** einige leere, saubere Schraubverschlussbecher mit breiten Deckeln, etwa Trinkjogurtfläschchen.
- Drehbewegung der Hand (ab etwa 18 Monaten).
- Schrauben Sie die Deckel locker zu und lassen Sie Ihr Kind mit den Flaschen hantieren.
- **Variante:** Sehr beliebt sind auch die so genannten Babuschka- oder Matroschka-Puppen: Beim Aufdrehen taucht eine neue Puppe auf, und noch eine, und noch eine ... ! Schließlich kommt die allerkleinste ans Licht. Auf- und Zuschrauben ist gar nicht so einfach!

Applaus, Applaus!

Handgeschicklichkeit, Sprachverständnis (verschiedene Präpositionen).

- Fragen Sie Ihr Kind: »Wie kannst du klatschen?« Wahrscheinlich wird es die Hände vor seinem Bauch zusammenbringen und mit leicht angewinkelten Armen klatschen.
- »Kannst du hinter dir klatschen?« Weitere Ideen: »oben« (überm Kopf), »unten« (nach vorn gebeugt mit gestreckten Armen), »auf« (auf dem Tisch, Bauch), »in« (in einem leeren Einkaufskorb).

Ausschöpfen

- **Sie brauchen:** Topf, 1–3 Tischtennisbälle, Schöpflöffel, Esslöffel.

Koordination, Konzentration.

- Stellen Sie den halb mit Wasser gefüllten Topf auf den Tisch. Legen Sie einen Tischtennisball hinein und lassen Ihr Kind mit dem Schöpflöffel rühren.
- Bitten Sie es, den Ball herauszufischen.
- **Und später?** Legen Sie einige Tischtennisbälle ins Wasser und bitten Ihr Kind, diese einzeln mit dem Esslöffel rauszuholen. Dieses Konzentrationsspiel macht Ihrem Kind noch lange Spaß!
- Wer fischt bei der Geburtstagsfeier am schnellsten alle Bälle aus seinem Topf?
- **Variante:** Auch andere schwimmende Gegenstände eignen sich: Filmdosen, Korken, leere Überraschungseidosen …

Kreiseltopf

- **Sie brauchen:** niedriger Topf mit Henkeln, Holzperle oder Tischtennisball.

Geschicklichkeit, Konzentration.

- Geben Sie Ihrem stehenden Kind den Topf, in dem der Ball liegt. Es darf nun versuchen, den Ball im Topf in Bewegung zu bringen. Aber nicht zu wild, sonst wird aus dem Ball ein Hüpfball!
- **Und später?** Mit etwas Wasser im Topf wird das Ballkreiseln noch spannender. Am besten geeignet für draußen.

Konfettiregen

- **Sie brauchen:** Konfetti, kleine Behälter.

Fingerfertigkeit, später: Kategorisieren.

- Schütten Sie Konfetti mitten auf den Tisch. »Wie kannst du die einzeln zu dir holen?« Mit dem Zangengriff sind sie kaum zu fassen. Besser geht's mit dem Zeigefinger: bis zur Tischkante ziehen, dort mit dem Zangengriff aufpicken und rein in den Behälter.
- Wenn alle Konfettis im Behälter sind, gibt es einen bunten Regen mitten überm Tisch!
- **Und später?** Zweijährige sortieren gern: eine rote Konfettireihe, eine blaue, eine gelbe …
- **Tipp:** Mit dem Locher produziert Ihr Kind begeistert Konfetti aus Altpapier. **Wichtig:** Überfordern Sie Ihr Kind nicht mit zu viel Konfetti!

Zerreißen erlaubt!

- **Sie brauchen:** unterschiedliche Papiersorten, etwa Zeitungs-, Butterbrot- und gebrauchtes Geschenkpapier oder alte Telefonbücher.

Geschicklichkeit, Hörsinn.

- Zerreißen bereitet kleinen Kindern einen Riesenspaß: Diese tollen Geräusche und ausholenden Bewegungen! Und für dieses Spiel ist es ausnahmsweise sogar erlaubt …
- Jetzt geht's los: Aus eins mach zwei!
- Unterschiedliche Papiersorten klingen unterschiedlich beim Zerreißen: »Hörst du das?«
- Die Papiersorten lassen sich auch verschieden schwer durchreißen. Welches geht schwer, welches leicht?
- Wie klein kann man die Schnipsel eigentlich zerreißen? Schafft man auch zwei oder drei Papierschichten übereinander? Eine spannende Angelegenheit.
- **Tipp:** Aus den Schnipseln kann ein Bild entstehen (siehe »Zauberbild« Seite 95). Oder ihr Kind darf Werbezettel, Brötchentüten und anderes Altpapier zerreißen und in die Altpapierkiste entsorgen.

Wichtig: Machen Sie Ihrem Kind klar, dass es nur die Papierstücke zerreißen darf, die Sie ihm dafür geben: »Das alte Papier ist zum Spielen da, Mamis Briefe und Bücher und die Zeitung auf dem Tisch aber nicht.«

Salzteig kneten

- **Sie brauchen:** Salzteig (siehe Seite 121).

Fingerfertigkeit, Handmuskulatur, Fantasie.

- Geben Sie Ihrem Kind ein etwa faustgroßes Stück Salzteig. Lassen Sie es die Masse kneten und drücken. Geben Sie ihm dann ein Frühstücksmesser und einen stumpfen Nagel: Ihr Kleines kann jetzt Löcher in den Teig stechen und kleine Stücke abschneiden.
- Wenn Sie den Teig mit einem Nudelholz etwas vorwalken, kann Ihr Kind weiterwalken und anschießend mit einer Ausstechform verschiedene Figuren herstellen.
- Sicher haben Sie noch weitere Werkzeuge und Verzierungen für die Kunstwerke im Haus: Holzhammer, Teigrädchen, Zahnstocher, Kronkorken, Schrauben, …
- **Tipp:** Falls Ihr Nachwuchskünstler ein sehenswertes Unikat produziert hat, kann dieses verewigt werden, indem es einige Tage an der Luft getrocknet wird oder 2–3 Stunden im Ofen bei 130 Grad. Die getrockneten Werke können mit Wasserfarben vollendet werden.
- **Variante:** Für »vergängliche« Knet-Formen und -Kunstwerke ist die Zauberknete von Seite 121 sehr geeignet: Sie ist weicher und geschmeidiger als die meisten gekauften Sorten und wird schon von Einjährigen gern bearbeitet.

Bastelideen für kleine Hände

Die »Zutaten« für diese schönen Bastelideen, bei denen Ihr Kind seine neuen Fähigkeiten anwenden kann, sind meist im Haushalt vorhanden oder können günstig und ohne großen Aufwand besorgt werden (Kleister siehe Seite 120).

1 Für kleine Fädelkünstler.

Perle auf Perle

- **Sie brauchen:** größere Holzperlen, eine Schnur (etwa einen Schnürsenkel).

Handgeschicklichkeit, Konzentration.

- Machen Sie ins eine Ende der Schnur einen dicken Knoten und zeigen Sie Ihrem Kind, wie man die Perlen auffädelt.
- Anfangs fädeln Kinder die Perlen nach Zufallsprinzip auf. Mit etwa zwei Jahren sortieren sie nach Farbe oder Form: eine runde Perle, eine längliche, wieder eine runde ...
- Stolz zeigt Ihr Kind seine Kette, um im nächsten Moment die Perlen wieder abzustreifen und anders aufzufädeln.

Wichtig: Will Ihr Kind die Kette um den Hals tragen, knoten Sie sie nicht zu fest und nicht zu weit zu. Achten Sie darauf, dass es nirgends damit hängen bleibt.

- **Variante:** Stechen Sie mit dem Dosenpikser Löcher in den Rand eines Bierdeckels (etwa ein Zentimeter Abstand). Jetzt kann Ihr Kind die Schnur im Slalom durchfädeln.

Oder Sie schneiden aus einem bunten, festen Karton unterschiedliche Formen (Dreieck, Kreis etc.) oder sogar einen Baum oder Schmetterling aus und stechen am Rand entlang Löcher ein. 1

Modekette

- **Sie brauchen:** dicke, farbige Strohhalme, Schnürsenkel, eventuell kleine Holzperlen, eine Kinderschere.

Fingerfertigkeit.

- Wenn Ihr Kind bei »Perle auf Perle« Erfahrungen gesammelt hat und mit Spaß dabei ist, können Sie ihm diese etwas schwierigere Variante anbieten.
- Ihr Kind darf die Strohhalme mit der Schere in etwa zwei Zentimeter lange Stücke schneiden und auffädeln. Sie kontrollieren die Länge und knoten zu.
- Falls Sie Holzperlen oder größere Knöpfe haben, kann Ihr Kind diese abwechselnd auf die Schnur fädeln – nebenbei wird damit das mathematische Verständnis geschult.

Murmel-Rollbild

- **Sie brauchen:** Papier, einen leeren Schuhkarton, Fingerfarben (eventuell nach dem Rezept auf Seite 120), einen Esslöffel, eine große Glasmurmel.

Koordination, Konzentration.

- Schneiden Sie das Papier so aus, dass es gerade in den Karton passt – am besten gleich mehrere Lagen.
- Verteilen Sie nun mit dem Löffel 3 unterschiedliche Farbkleckse auf das Papier. Wenn die gekauften Farben zu dickflüssig sind, können Sie sie mit etwas Wasser verdünnen. Aus den selbst gemachten Fingerfarben entsteht eher ein Aquarellbild.
- Jetzt legen Sie die Glasmurmel in den Karton. Ihr Kind kann die Murmel darin hin und her rollen lassen. Dabei verteilt sich die Farbe zu einem tollen, einzigartigen Muster. Nun können Sie das fertige Bild aus dem Karton nehmen und trocknen lassen.

INFO

ICH BASTLE SCHON GANZ ALLEIN!

Die in diesem Kapitel beschriebenen Bastelideen haben gemeinsam, dass die Kinder selbst etwas Schönes herstellen können und nicht nur zuschauen, wie Erwachsene geschickt mit der Schere umgehen! Sie schlagen vor: »Wir könnten heute ein Fensterbild gestalten« (siehe Seite 97). Ihre Hilfe beschränkt sich auf das Auftragen des Klebers in Sternform – das Weitere macht Ihr Kind allein. Wie bei allen Spielen in diesem Buch geben Sie Ihrem Kind eine einleitende Hilfe (sei es eine Bewegung, eine sprachliche Anregung oder eine Bastelidee), alles andere führt es selbst aus: »Ich kann es allein!«

- Oft sind Erwachsene sehr ehrgeizig oder kennen keine altersgemäßen Ideen – sodass sie mit ihren Vorschlägen die Kinder überfordern und zum Schluss das meiste selbst herstellen. Auch in vielen Eltern-Kind-Gruppen basteln die Mütter tolle Sachen, und die Kinder schauen zu – kein Wunder, dass sie später im Kindergarten auf viele neue Anforderungen mit »Ich kann das nicht!« reagieren.
- Viele Eltern suchen einen Kindergarten nach dem Kriterium aus, wie viele tolle Basteleien in den Räumen zu bestaunen sind. Schauen Sie lieber, ob die Kunstwerke aus Kinder- oder Erwachsenenhand stammen. Ausnahme: Komplizierte Basteleien werden natürlich gemeinsam mit den Erwachsenen gefertigt.

Märchenhaftes

- **Sie brauchen:** bunte Märchenwolle (Bastelgeschäft) oder bunte Wattebausche, Kleister, Papier oder Tapetenreste.

Feinmotorik, Fantasie.

- Zupfen Sie gemeinsam aus der Märchenwolle kleine Bausche, so groß wie Wattebausche. Falls Sie Watte verwenden, zupfen Sie sie etwas flauschiger.
- Ihr Kind verteilt nun den Kleister auf dem Papier, mit Pinsel oder Hand (anschließend Hände waschen, sonst klebt die Wolle an).
- Jetzt darf Ihr kleiner Künstler sein Bild gestalten: Die schönen Farben der Märchenwolle machen jedes Werk zu einem Unikat – gut als Geschenk geeignet!
- **Variante:** Sie verteilen den Kleister in Form einer einfachen Blumenblüte. Jetzt kann Ihr Kind die bunte Wolle darauf kleben: eine Märchenblume!

Wäscheklammer-Gesichter

- **Sie brauchen:** einen weißen Pappteller, gelbe Wasserfarbe, einen dickeren Pinsel, etwa 12 gelbe Wäscheklammern.
- Ihr Kind malt den Teller gelb an. Sobald er trocken ist, befestigt es rundherum gelbe Wäscheklammern als Sonnenstrahlen.
- Abends geht auch die Sonne schlafen – die Klammern kommen weg. Morgens geht sie wieder auf. Ein schönes Ritual!
- **Variante:** (Selbst-)Portrait. Malen Sie auf den Teller Augen, Mund und Nase (bitte benennen und fragen »Wo ist dein Mund?«).
  Nun fragen Sie: »Wo sind deine Haare?« Ihr Kind kann Wäscheklammern als Haare anbringen. Jungen denken vielleicht schon an den ersten Bart ...
  Sie können das Gesicht mit einer Heißklebepistole an einem Stab befestigen oder in einen Schlitz im Stabende stecken: eine nette Bastelidee für den ersten Geburtstag.

Zauberbild

- **Sie brauchen:** Kleister, Papier, Schere, verschiedene kleine Materialien wie Wollfäden, Paketschnur, bunte Papierreste, Wattebausche, Märchenwolle, Kronkorken, Weinkorken ...

Geschicklichkeit, unterschiedliche Materialien fühlen.

- Lassen Sie Ihr Kind von Wolle und Paketschnur einige Stücke abschneiden. Das bunte Papier kann es zerreißen.
- Nun kann es das Papier mit Kleister bestreichen. Fragen Sie es, was alles auf das Zauberbild kommt: Nach und nach entsteht ein modernes Kunstwerk. Vorm Aufhängen bitte trocknen lassen!
- **Tipp:** Zuletzt können Sie gemeinsam »Zaubersalz« (feinen Sand) über das Bild streuen, das am noch nicht ganz getrockneten Kleber hängen bleibt.

TIPP

KLEINE PICASSOS

Ihr zehn Monate altes Baby hielt die Wachsmalkreide in der Faust und kritzelte mit Druck aufs Papier (und darüber hinaus). Die meisten Dreijährigen halten den Stift fast richtig und können einen Kreis malen: wichtige Schritte zum Schreibenlernen. Diese Fähigkeiten sind nicht angeboren, die Bereitschaft dazu schon. Ihr Kind braucht viele Möglichkeiten, die Techniken zu üben. Erfahrungen mit Fingerfarben helfen übrigens nebenbei auch bei der Sauberkeitserziehung. (siehe Seite 34)

- Geben Sie Ihrem Kind oft dicke Wachsmalkreiden (später dicke Holzstifte) und den Malblock.
- Sie können Ihr Eineinhalbjähriges auch Wasserfarbe mit einem dicken Pinsel ausprobieren lassen (immer nur eine Farbe auf einmal): Zuerst den Pinsel ins Wasser, dann in die Farbe und zuletzt aufs Papier – gar nicht einfach.
  Die fertigen Kunstwerke sind ein Ansporn, weiter zu üben und die Technik zu verfeinern. Hängen Sie die schönsten Exemplare auf, vielleicht sogar eingerahmt!
- **Tipp:** Ein Wachstuch ist ideal als Mal- und Bastelunterlage und eignet sich auch noch als Unterlage für den Hochstuhl am Esstisch. Ein Malkittel lässt sich leicht aus einem alten Hemd oder einer Bluse herstellen: Schneiden Sie den Kragen rundherum ab und bringen die Ärmel auf die passende Länge. Ihr Kind zieht den Kittel mit den Knöpfen nach hinten an.

Schneemann

- **Sie brauchen:** dunkelblaues oder schwarzes Tonpapier, einen weißen Stift, Kleister, weiße Watte.

Geschicklichkeit, Fantasie.

- Malen Sie drei weiße Kreise übereinander. Verteilen Sie den Kleister darauf. Ihr Kind zupft währenddessen aus der Watte kleine Flöckchen ab, die es dann auf die Kreise kleben darf.
- **Variante:** Statt Watte: »Schnee« aus der Schnipselmaschine (siehe Seite 97).
- **Tipp:** Während das Bild trocknet, können Sie gemeinsam »Schneemann ...« (siehe Seite 84) spielen.

Bunter Blumentopf

- **Sie brauchen:** Ton-Blumentopf, Fingerfarben, Malkittel für Ihr Kind.

Fingerfertigkeit.

- Stellen Sie den Topf mit der Öffnung nach unten auf den Tisch. Ihr Kind darf die Außenseite des Topfes jetzt mit den Fingerfarben bemalen.
- **Tipp:** Einen etwas kleineren Plastiktopf mit Erde füllen und Weizensamen einsäen. In den bunten Blumentopf stellen. Bei guter Pflege (regelmäßig gießen!) sprießen nach ein paar Tagen die Halme. Übrigens ein ideales Versteck für Ostereier!

Gestecke für Winter und Sommer

- **Sie brauchen:** niedrigen Blumentopf, etwas Salzteig oder Zauberknete, eine lange Kerze, Tannenzweige, Tannenzapfen, rote und goldene Papierservietten.

Fingerfertigkeit, Fantasie.

- Füllen sie den Topfboden mit Salzteig oder Zauberknete. Jetzt darf Ihr Kind in die Mitte die Kerze hineindrücken. 1
- Um die Kerze herum kommen die Zweige und Zapfen. Aus den Papierservietten kann Ihr Bastler Knöllchen rollen – zeigen Sie ihm, wie's geht. Die Knöllchen werden auf die Zweige verteilt.

Wichtig: Die Zweige dürfen nicht zu lang (Kippgefahr) oder zu nah an der Kerze stecken.

- **Variante:** Kinder lieben es, im Sommer Blumen zu pflücken. Legen Sie in einen Blumentopf einen Steckschwamm. Ihr Kind darf nun aus Blumen und Zweigen ein individuelles Gesteck gestalten.

Schnipselmaschine

- **Sie brauchen:** Kinderschere, buntes Transparentpapier, weißes Tonpapier, Gefäße zum Aufbewahren.

Fingerfertigkeit, Konzentration.

- Schneiden Sie von allen Papiersorten Rechtecke ab (etwa ein Viertel DIN A4).
- Jetzt darf Ihr Kind schnipseln und sortieren: Die bunten Schnipsel landen in einem anderen Behälter als die weißen »Schneeflocken«.
- Das Schnipseln und Sortieren allein macht schon Spaß. Sie und Ihr Kind können aber aus den Schnipseln auch vielfältige Basteleien herstellen.
- Weihnachtliches Stern-Fensterbild: Sie malen mit Kleister einen Stern auf die Fensterscheibe. Ihr Kind klebt darauf gelbe, rote und orange Transparentpapierschnipsel.
- Unterschiedliche Formen auf Tonpapier: Sie verteilen den Kleister, Ihr Kind legt die Schnipsel seiner Wahl darauf.
- Der Schneemann von Seite 96 sieht auch in der Schnipselvariante sehr hübsch aus!

1 Weihnachtliches Gesteck.

Buntes Teelicht

- **Sie brauchen:** ein leeres Marmeladenglas, bunte Transparentpapierschnipsel (aus der »Schnipselmaschine« von Seite 97), Kleister, Teelicht.

Fingerfertigkeit.

- Ihr Kind darf das Marmeladenglas außen mit Kleister bestreichen. Dann kann es die Schnipsel darauf verteilen.
- Ihr zweijähriges Kind ist stolz, wenn das Licht in der dunklen Jahreszeit zum Abendessen angezündet wird – seine Augen leuchten mit der Kerze um die Wette!

Wichtig: Der Boden des Glases kann sehr heiß werden. Stellen Sie es deshalb auf eine wärmefeste Oberfläche.

Abstempeln

- **Sie brauchen:** 3–4 Pappteller oder Marmeladenglasdeckel, Korken (am besten Sektkorken), Fingerfarben, Papier.

Geschicklichkeit.

- Geben Sie auf jeden Pappteller oder in jeden Deckel einen Klecks von einer Farbe. Zu jedem Teller gehört ein eigener Korken.
- Ihr Kleines kann nun den Korken in die Farbe tauchen und dann aufs Papier drücken. 1 Bei jüngeren Kindern landet der Stempel oft in der falschen Farbe. Mischungen sind auch interessant!
- **Und später?** Kinder ab zwei Jahren legen Stempelstraßen an: eine rote, eine blaue ...

1 Wo geht's denn hier zu Stempelstraße?

Teelicht mit Sternen

- **Sie brauchen:** Metallfolie aus dem Bastelgeschäft, Nagel, alte Decke, Schere, Heftklammerndrücker, Teelicht auf Tellerchen.

♔ Feinmotorik.

- Schneiden Sie aus der Folie einen 10 mal 30 Zentimeter großen Streifen. Falten Sie die Decke zweimal. Legen Sie sie auf den Tisch, den Streifen darauf.
- Geben Sie Ihrem Kind den Nagel. Damit kann es einzelne Löcher (als Sterne) in die Folie stechen. **2** Heften Sie den Streifen zu einer Röhre.
- Stülpen Sie die Röhre über das Teelicht auf dem Teller. Wenn Sie die Kerze anzünden und das Licht ausmachen, funkeln Sterne durchs dunkle Zimmer!
- **Variante:** Schneiden Sie aus der Goldfolie Sterne aus. Ihr Kind darf mit der Nadel Löcher einstechen. Sie fädeln eine goldfarbene Schnur durch, (vielleicht müssen Sie ein Loch an einer Zackenspitze einstechen) und fertig ist der schöne Weihnachtsbaumschmuck.

2 »Ich kann das ganz allein!«

Herbstbaum

- **Sie brauchen:** ein großes Stück Papier (Plakat oder Packpapier), Kleister, einen dicken Pinsel, Wachsmalkreiden, altes Telefonbuch oder alten Katalog.

♔ Geschicklichkeit, Fantasie.

- Machen Sie mit Ihrem Kind einen Herbstspaziergang. Sammeln Sie schöne bunte Blätter – große und kleine.
- Gemeinsam pressen Sie zu Hause die Blätter: Blatt für Blatt zwischen die Seiten des Telefonbuches oder Kataloges legen. Bewundern Sie mit ihm jedes Blatt: »Sind das schöne Farben!«
- Beschweren Sie die »Presse« einige Tage lang mit dicken Büchern.
- Zeichnen Sie mit braunem Wachsmalstift einen Baumstamm in die untere Hälfte des Papiers und malen mit grüner Farbe die Baumkrone oder mit brauner Farbe leere Äste.
- Je nachdem wie alt Ihr Kind ist, kann es mit dem großen Pinsel Kleister auf die Baumkrone verteilen. Sie können zum Schluss etwas »verbessern«. Anschließend klebt Ihr Kind die Blätter drauf – einige liegen auf der Erde. Nach dem Trocknen können Sie das Bild an der Kinderzimmertür aufhängen.

1 Papier bietet spitzenmäßige (Ent-)Faltungsmöglichkeiten.

Schatztruhe

- **Sie brauchen:** Schuhkarton, Fingerfarben, Kleister, 1 Marmeladenglasdeckel, kleine Materialien wie Märchenwolle, Kronkorken, in Scheiben geschnittene Weinkorken, Wollfäden.

Feinmotorik, Fantasie, Geduld.

- Ihr Kind darf den Karton von außen mit Fingerfarben bunt bemalen. Lassen Sie die Farben einige Stunden trocknen.
- Überlegen Sie gemeinsam, mit welchen Materialien Deckel und Außenwände der Schatztruhe verziert werden könnten.
- Geben Sie etwas Kleister in den Marmeladenglasdeckel. Ihr Kleines kann die Schatztruhe nun mit den ausgewählten Materialien verzieren.
- Zweijährige können den Wollfaden (etwa 20 Zentimeter lang) durch den Kleister ziehen und dann in unterschiedlichen Formen, etwa Spiralen, Schlangenlinien oder kleinen Knäueln aufkleben.
- Wenn schließlich auch der Kleber getrocknet ist, kann Ihr kleines Bastelgenie überlegen, welche Schätze hinein dürfen. Vielleicht haben Sie auch einen schönen Stoffrest, etwa aus Samt, um die Truhe damit auszulegen.
- **Tipp:** Eine schöne Geschenkidee für die Oma: »Das habe ich ganz allein für dich gebastelt!«

Papier falten

- **Sie brauchen:** buntes Papier, quadratisch und in DIN A4.

Feinmotorik, Hand-Augen-Koordination.

- Ab etwa zwei Jahren liebt Ihr Kind es, Papier zu falten: Spitze auf Spitze. 1
- Lassen Sie es selbst ausprobieren, wie es das Papier falten kann. Ihrem Dreijährigen können Sie auch schon zeigen, wie Sie einen Flieger oder ein einfaches Schiffchen falten.

Gefäß im Wachsgewand

- **Sie brauchen:** Tafelkerzen(reste), mindestens 5 cm lang, in unterschiedlichen Farben, einen kleinen Ton-Blumentopf oder ein Marmeladenglas.
- Feinmotorik, Hand-Augen-Koordination.
- Legen Sie auf dem Tisch alte Zeitungen aus. Geben Sie Ihrem Kind eine Kerze und zünden Sie den Docht an.
- Wenn die Kerze ein paar Minuten gebrannt hat, kann Ihr Kleines die spannende Technik zunächst einmal ausprobieren: Die Kerze schräg über die Zeitung halten – schon tropft es. 2
- Mit dieser Technik kann Ihr Kind nun ein Gefäß – oder mehrere – verzieren: einen Blumentopf oder ein Marmeladenglas als Aufbewahrungsbehälter; aus einer Weinflasche wird eine schöne Blumenvase ...
- Legen Sie den Gegenstand, der betropft werden soll, längs auf die Zeitung. Wenn das Wachs auf der Oberseite hart ist, drehen Sie den Gegenstand weiter: Jetzt ist die nächste Stelle dran.
- **Variante:** Auch Ostereier können mit dieser Tropftechnik verziert werden.

Wichtig: Ihr Kind soll das Gefühl haben: »Ich habe es allein gemacht!« Seien Sie also nicht zu vorsichtig wegen der Kerzenflamme – bleiben Sie einfach dabei und leisten Sie Ihrem Kind Gesellschaft. Und Ihren Tisch haben Sie ja zuvor sorgfältig abgedeckt.

Aus alt wird neu

- **Sie brauchen:** einen alten Katalog, Schere, Klebestift, Papier.
- Geschicklichkeit.
- Ab dem Ende des zweiten Lebensjahres blättern Kinder gern in Katalogen, Seite für Seite.
- Geben Sie Ihrem Kind den alten Katalog, aus dem es einige Bilder ausschneiden darf. Diese darf Ihr Kind mithilfe des Klebestiftes aufs Papier kleben – eine tolle Collage entsteht.
- Natürlich schneiden Kinder in diesem Alter die Figuren noch nicht genau aus: Beim Spielzeugauto fehlen vielleicht die Räder, beim Pferd der Schweif – Künstlerfreiheit!

2 Ein toller Effekt mit Wachs!

Sprachspiele, Lieder und Reime

Die meisten Eltern sprechen intuitiv mit ihrem Baby langsamer, deutlicher und in kurzen Sätzen. Wie schon ab Seite 18 beschrieben wurde, wird heutzutage großer Wert auf frühestmögliche Sprachförderung gelegt.
Im Alltag fördern Sie Ihr Kind, indem Sie viel mit ihm reden und ihm alles erklären, was Sie gerade tun. »Ich wasche jetzt die Kartoffeln.« – »Ich ziehe dir heute mal den gelben Pulli und die blaue Hose an.« – »Dies ist dein rechter Handschuh, das hier der linke.« Dann lernt es ganz nebenbei.

Sprache, Spiel & Spaß

Natürlich fördern alle Spiele in diesem Buch das Sprachverständnis und die Sprachentwicklung, weil beim Spielen vieles benannt, erklärt, wiederholt wird (»Mach dich ganz klein und gehe in die Hocke!«).
Die folgenden Spiele stellen die Sprachförderung jedoch bewusst in den Mittelpunkt. Genießen Sie dabei die gemeinsame Spielzeit – sie bedeutet Lernen mit Köpfchen für Ihr Kind und Spaß für Sie beide!

Augen, Nase, Ohren, Mund

Körperbewusstsein, Sprache.

- Benennen Sie immer wieder die Körperteile Ihres Kindes. Fragen Sie: »Wo ist die Nase? Wo sind die Ohren?«
  Wichtig: Mit der Zeit sollten alle Körperteile einen Namen haben – auch die Geschlechtsteile! Viele Kinder kennen keine angemessenen Bezeichnungen für den mittleren Körperteil.

Mal laut, mal leise

Lautstärke variieren.

- Spielen Sie mit Ihrer Sprech- oder Singlautstärke. Bald ahmt Ihr Kind Sie nach.
- Unterhalten Sie sich auch mal von der Küche aus mit Ihrem im Wohnzimmer spielenden Kind. Ihre Stimme klingt etwas anders, Ihr Kind lauscht gespannt.
- Flüstern Sie ihm ins Ohr; erst einzelne Wörter, später einen ganzen Satz. Fragen Sie: »Was habe ich gesagt?« Später tauschen Sie die Rollen.

Sei so lieb und bring mir …

Sprachverständnis, Gedächtnis.

- Geben Sie Ihrem Kind kleine Aufgaben: »Hol den Ball!« – »Bring die Tasse in die Küche!« Stolz führt es die Aufträge aus.
- **Und später?** Fügen Sie Mengen und Farben ein: »Hol bitte zwei Löffel aus der Küche!« – »Wo ist dein roter Pulli?«

Ja und Nein

- Sie brauchen: ein Bilderbuch.

Sprachverständnis, Gedächtnis.

- Zeigen Sie Ihrem Kind im Bilderbuch etwa einen Ball. Fragen Sie: »Ist das ein Auto?« Anfangs kann es mit Kopfschütteln, später mit Nein antworten.
- Nicken und ein Ja, dann Kopfschütteln und ein Nein machen Riesenspaß – und das Sprachverständnis wächst.
- **Und später?** Ihrem Zweijährigen macht das folgende Fragespiel Spaß: »Kann eine Katze fliegen? Kann ein Kind einen Ball werfen? Kann ein Baum laufen?« Ihr Dreijähriges wird sich sogar selbst solche kniffligen Fragen ausdenken!

BILDERBÜCHER

WICHTIG !

Schon Babys lieben es, mit den Eltern ein Bilderbuch anzuschauen. Auf die Frage »Wo ist der Ball?« zeigt es darauf und antwortet »Da!«. Die ersten Bilderbücher sollten pro Seite nur einen bekannten Gegenstand oder ein Tier zeigen. Für Eineinhalbjährige ist eine kurze Geschichte aus dem Alltag geeignet: pro Seite ein Satz. Zweijährige lauschen schon längeren Geschichten und wollen oft wochenlang die gleiche Gute-Nacht-Geschichte vorgelesen bekommen – und sie merken genau, wenn Sie »schwindeln« und den Text abkürzen!

Kleine Hunde – große Hunde

Fantasie, Lautstärke.

- Fragen Sie Ihr Kind, wie ein kleiner Hund bellt und wie ein großer? Sie können auch nach den entsprechenden Bewegungen fragen: Kleine Hunde trippeln eifrig, die großen schreiten würdevoll …
- Beziehen Sie alle Ihrem Kind bekannten Tiere ins Spiel ein: Katze, Kuh, Ente …

Lautsprecher und Rohrpost

- **Sie brauchen:** eine Papprröhre oder einen Becher.

Die Stimme variieren.

- Flüstern oder rufen Sie in den Hohlkörper. Anfangs rufen Sie den Namen Ihres Kindes. Halten Sie nun die Öffnung vor sein Gesicht. Bald wird Ihr Kind versuchen, Sie nachzuahmen.
- Falls Sie eine Papprröhre haben, können Sie sich ab und zu gegenseitig durch die Röhre anschauen.

Suppenteller – flacher Teller

Sprachverständnis, Kategorisieren.

- Erklären Sie Ihrem Kind im Alltag immer wieder, dass Sie jetzt die Suppenteller brauchen – für das Abendessen werden die flachen Teller aufgedeckt.
- Es gibt unterschiedliche Tische: »Bring die Tasse bitte auf den Küchentisch!« …
- Es gibt auch verschiedene Sitzmöglichkeiten: Sessel, Sofa, Gartenstuhl …
- Einige Dreijährige lieben es, Automarken voneinander zu unterscheiden!

Gegensätze ziehen sich an

- **Sie brauchen:** Gegenstände aus dem Alltag, wie große und kleine Flaschen.

Größenverständnis, Wortschatz.

- Zeigen Sie Ihrem Kind zwei Flaschen. und fragen: »Welche ist größer/kleiner?«
- Für dieses Spiel eignen sich viele Alltagsgegenstände: Schuhe, Teller, Spielzeugautos, Bälle, Kartoffeln …
- **Und später?** Mit drei Jahren kann Ihr Kind 3–4 Flaschen nach ihrer Größe sortieren und aufstellen stellen – ganz nebenbei eine mathematische Erkenntnis!

Hallo – wie geht es dir?

- **Sie brauchen:** ein Spielzeugtelefon und/oder ein ausgemustertes Bürotelefon oder Handy.

Sprachverständnis, Wortschatz.

- Schon Babys ahmen uns beim Telefonieren nach. Tun Sie so, als riefen Sie Ihr Kleines an, und fragen Sie: »Wie heißt du? Wie geht es dir? Wo ist der Papa?« Sie werden wahrscheinlich nur Ein-Wort-Sätze als Antwort bekommen – nach mehr haben Sie schließlich auch nicht gefragt!

Puppendialog

- **Sie brauchen:** zwei Puppen, Handpuppen oder zwei Stofftiere.

Fantasie, Sprachverständnis.

- Halten Sie Ihre Puppe (ein Kuscheltier) auf Ihrem Schoß – Ihr Kind ebenfalls. Nun beginnen die Puppen ein Gespräch zu einem Alltagsthema, etwa zum Einkaufen: »Was brauchen wir noch?« – »Vielleicht Nudeln?«
- **Variante 1:** Malen Sie auf eine Ihrer Handflächen ein Gesicht: Augen, Nase, lachender Mund. Die Handfläche Ihres Kindes bemalen Sie auch. Nun führen diese »Handpuppen« einen Dialog.
- **Variante 2:** Malen Sie auf eine Butterbrottüte ein (Tier-)Gesicht. Über die Hand stülpen – fertig ist die Handpuppe!

Spitze Sachen

Sprachverständnis.

- Suchen Sie gemeinsam passende Gegenstände zu Adjektiven: rund, spitz, eckig, weich, hart, rau, warm, kalt, laut …
- **Und später?** Fragen Sie: »Was ist spitz hier im Raum?« – »Was ist weich?« Erweitern Sie das beliebte Ratespiel mit Farben: »Was alles ist rot in der Küche?«

Rechts – links

Körperwahrnehmung, Wortschatz.

- Setzen Sie sich neben Ihrem Kind auf den Boden. Sagen Sie nun: »Ich hebe meine rechte Hand hoch!« Ihr Kind ahmt Sie nach und sagt: »Ich auch!«
- Jetzt ist Fantasie gefragt: »Ich hebe den Becher mit der linken Hand!«

1 »Komm, ich erzähl dir was!«

2 Rechts und links.

Was gehört nicht dazu?

Kategorisieren, Wortschatz.

- Kinder lieben Reime wegen der gleichen Endungen (kann man sich besser merken). Aber was reimt sich nicht? Mit etwa zweieinhalb Jahren interessieren sie sich für dieses Spiel: Sagen Sie 3 Wörter vor, etwa »Puppe, Suppe, Tisch«. Fragen Sie nun: »Was passt nicht?«
  Lassen Sie die beiden Reimwörter zuerst aufeinander folgen. Später variieren Sie die Reihenfolge: »Baum, Löffel, Traum«.
- **Tipp:** Ein Spiel für lange Autofahrten!
- Ein paar Ideen:
  Socke, Glocke, Auto
  Katze, Hund, Tatze
  Schwein, Bein, Teller
  Keller, Teller, Buch
  Pfütze, Mütze, See
  Turm, Brot, Wurm

INFO

BITTE AUSREDEN LASSEN

Manche Kinder beginnen erst spät zu sprechen und sprechen undeutlich und langsam. Auch wenn Sie Ihr Kind nach dem halben Wort bereits verstanden haben, warten Sie ab, bis es ganz fertig ist. Sonst wird es vielleicht »redefaul«, weil es ja auch so verstanden wird!

Schau mal, was ich kann!

Sprachverständnis, Wortschatz.

- Sprechen Sie den folgenden Vers im gleich bleibenden Rhythmus:
  »Schau mal, was ich kann, ich klatsche, ich klatsche (im gleich bleibenden Rhythmus in die Hände klatschen).
  Fang du auch an (Ihr Kind klatscht mit).
  Wir klatschen, wir klatschen (Sie beide klatschen im gleichen Rhythmus).
  Ich bin dran (tippen Sie mit Ihrem Zeigefinger auf Ihre Brust).
  Sehe, was ich kann, ich hüpfe ...«
- Ein paar Ideen: Klopfen, trommeln, hüpfen, tanzen, kämmen, telefonieren, springen, waschen, kochen, bügeln ...
- **Und später?** Wenn Ihr Kleines dieses Spiel gut kennt, darf es abwechselnd den Vers sagen und die dazugehörige Tätigkeit durchführen. Danach heißt es: »Du bist dran!« (mit dem Zeigefinger auf den Spielpartner zeigen).

Was kann fliegen?

Sprachverständnis, Wortschatz, Kategorisieren.

- Fragen Sie Ihr Kind: »Was kann fliegen?« Wenn Ihr Kind mit »Vogel« antwortet, können Sie gemeinsam überlegen, welche Vögel es schon kennt (Ente, Taube ...).
- **Variante:** »Womit kann man fahren?« (Kinderwagen, Fahrrad, Kutsche ...)

Reime, Verse und Lieder

Reime, Verse und Lieder – teils zusammen mit Bewegung – sind Nahrung für Sprachentwicklung und Gedächtnis. Kinder unter drei Jahren lieben Wiederholungen: immer wieder die gleiche Frage und Antwort, das gleiche Spiel, dasselbe Bilderbuch. Bei den Liedern und Versen überprüft das Kind, ob der Text wirklich stimmt. Mit Spannung wird dann der bekannte Höhepunkt erwartet.
Suchen Sie sich aus den überlieferten Texten auf diesen Seiten Ihre Lieblingsstücke aus. Ihr Kind wird Ihnen mit Begeisterung lauschen, später auch mitsprechen. Die Bewegungen dazu kann es schon viel früher mitmachen. Die Verse werden meist gesprochen, einige im Sprechgesang, etwa dieser Klassiker:

Backe, backe, Kuchen

Backe, backe, Kuchen,
der Bäcker hat gerufen.
Wer will guten Kuchen backen,
der muss haben sieben Sachen:
Eier und Schmalz,
Butter und Salz,
Zucker und Mehl,
Safran macht den Kuchen gehl. (= gelb)
Schieb, schieb in den Ofen rein,
der Kuchen wird bald fertig sein.

> Zu jeder betonten Silbe klatschen.

Das ist der Daumen

Das ist der Daumen,
der schüttelt die Pflaumen,
der sammelt sie auf,
der trägt sie nach Haus,
und der Kleinste, der isst sie alle auf.

> Bei jeder Zeile den entsprechenden Finger des Kindes anfassen.

Ri, ra, rutsch

Ri, ra, rutsch,
wir fahren mit der Kutsch.
Wir fahren mit der Schneckenpost,
wo es keinen Pfennig kost.
Ri, ra, rutsch,
wir fahren mit der Kutsch.

> Einander gegenüber sitzen, die Hände aneinander legen und sich im Rhythmus hin und her bewegen. 1

1 Toll, so eine Kutschfahrt!

Kommt ein Bär

Kommt ein Bär, tappt so schwer.
(Mit den Händen im Rhythmus auf dem Körper des Kindes klatschen)
Kommt eine Maus, die sucht ein Haus.
(Mit den Fingern von den Beinen bis in die Achselhöhlen krabbeln)
Kommt ein Floh, und der macht so!
(Auf den Brustkorb des Kindes tippen)

Eine Schnecke

(Nach der Melodie »Bruder Jakob«)
Eine Schnecke, eine Schnecke
krabbelt rauf, krabbelt rauf.
krabbelt wieder runter
krabbelt wieder runter,
kitzelt auf dem Bauch,
kitzelt auf dem Bauch!

- Entsprechende Fingerbewegungen auf dem Körper des Kindes machen.

Es regnet

Es tröpfelt, es tröpfelt.
(Zeigefinger tippen auf Tisch oder Boden)
Es regnet, es regnet. (Alle Finger tippen)
Es gießt, es gießt. (Mit den Händen auf dem Tisch oder Boden klatschen)
Es blitzt. (Schnell in die Hände klatschen)
Es donnert! (Mit den Fäusten klopfen)
Und schon geht die Sonne wieder auf!
(Mit den Händen eine Sonne in die Luft malen)

1 »Schlafen dort in stiller Ruh ...«

Himpelchen und Pimpelchen

Himpelchen und Pimpelchen,
die saßen auf einem Berg.
Himpelchen war ein Heinzelmann
und Pimpelchen ein Zwerg.
Sie blieben lange da oben sitzen
und wackelten mit den Zipfelmützen.
(Die Fäuste mit den nach oben gestreckten Daumen wackeln wie Zipfelmützen)
Doch nach fünfundsiebzig Wochen
sind sie in den Berg gekrochen.
(Daumen verschwinden in die Faust)
Schlafen dort in stiller Ruh.
(Kopf seitlich auf die gefalteten Hände legen, wie schlafend)
Sei mal still und hör gut zu!
(Schnarchgeräusche machen)
Doch dann sind sie aufgewacht
und haben ganz laut gelacht!
(laut lachen)

Muh, muh, muh

Muh, muh, muh,
so macht im Stall die Kuh.
Wir geben ihr das Futter,
sie gibt uns Milch und Butter.
Muh, muh, muh,
so macht im Stall die Kuh.

> Im Rhythmus klatschen oder stampfen.

Große Uhren

Große Uhren machen tick, tack, kleine Uhren machen ticke-tacke, ticke-tacke,
und die ganz kleinen Taschenuhren machen ticke-tacke, ticke-tacke, ticke-tacke.

> Ihr Kind steht auf Ihren Füßen, Sie halten seine Hände; im Rhythmus seitlich schaukeln, zuerst langsam, zum Schluss schnell.

Fährt ein Schifflein

Fährt ein Schifflein übers Meer,
schaukelt hin, schaukelt her.
(Mit dem Kind auf dem Schoß schaukeln)
Kommt ein großer Sturm,
(in den Nacken des Kindes pusten)
fällt das Schifflein um! (umfallen)

Bi-Ba-Butzemann

Es tanzt ein Bi-Ba-Butzemann
in unserm Haus herum – widebum!
Er rüttelt sich, er schüttelt sich,
er wirft sein Säckchen hinter sich.
Es tanzt ein Bi-Ba-Butzemann
in unserm Haus herum – widebum!

> Im Kreis Hand in Hand tanzen und die entsprechenden Bewegungen machen.

Häschen in der Grube

Häschen in der Grube,
saß und schlief, saß und schlief.
Armes Häschen, bist du krank,
dass du nicht mehr hüpfen kannst?
Häschen hüpf, Häschen hüpf,
Häschen hüpf!

> Ihr Kind hockt, Sie streicheln es, zum Schluss hüpft es – vielleicht sogar mit den Händen als Ohren hinterm Kopf!

Eisenbahn

Tüff, tüff, tüff, die Eisenbahn,
wer will mit, der hängt sich an.
Alleine fahrn, das mag ich nicht,
drum nehm ich mir die/den (Name des Kindes) mit!

TIPP

TROSTVERSE

Neben Trostpflaster hilft bei kleinen Verletzungen auch Pusten – und Trostverse. Hier der Klassiker:
Heile, heile Segen, drei Tage Regen,
drei Tage Schnee,
es tut schon nimmer weh!

Schönes zum Spielen

Erinnern Sie sich an das Lieblingsspielzeug Ihrer Kindheit? Vielleicht war es etwas ganz Schlichtes, das immer wieder interessant und faszinierend war. Kinder brauchen keine Massen an aufwändigem, teurem Spielgerät, sondern hübsche, einfache Dinge, die ihren Reiz lange bewahren und die Entwicklung unterstützen. Hier finden Sie Tipps, welches Spielzeug Ihr Kind jetzt braucht, und tolle, unkomplizierte Bastelanregungen.

Spielzeug ist wichtig

Blättern Sie einmal in Spielzeugkatalogen: Sie könnten Unsummen dafür ausgeben, was Ihr Kleinkind angeblich unbedingt braucht. Die Regale in den Spielwarengeschäften quellen über – in manchen Kinderzimmern auch. Sie könnten eine richtige Miniatur-Erwachsenenwelt für Ihr Kind zusammenkaufen: Haus mit Pferd und Auto, Staubsauger, Waschmaschine, Herd, Bügeleisen …
Ein Tipp: Gehen Sie möglichst ohne Ihr Kind ins Spielwarengeschäft, das ist für beide Seiten weniger stressig.

In Ruhe auswählen

Kinder brauchen Spielzeug – schöne, einfache Dinge, mit denen sie sich immer wieder beschäftigen können und die ihre Fantasie und ihren Bewegungsdrang anregen. Spielzeugläden bieten heute wieder zunehmend solche schlichten, ansprechenden Dinge an, die häufig zu echten Klassikern im Kinderzimmer werden. Überraschen Sie Ihr Kind doch einfach gelegentlich mit einem schönen Mitbringsel!

Jahrelanger Einsatz

Viele Spielsachen bleiben über Jahre interessant und werden immer wieder neu eingesetzt, etwa Bauklötze: Das neun Monate alte Baby klopft zwei Bausteine gegeneinander; das Einjährige stapelt zwei übereinander zum Turm; Dreijährige bauen hohe Mauern, und Fünfjährige errichten zusammen mit anderen riesige Bauwerke.

Alles kann Spielzeug sein

Was ein Spielzeug ist, entscheidet Ihr Kind: Eine Banane wird zum Telefon. Ein Stein kann eine Maus oder ein Auto darstellen; der beim Spaziergang gefundene Stock wird zum Kochlöffel. Heben Sie leere Jogurtbecher und -flaschen, Deckel, Pralinenfolien, Kaffeedosen … auf. Ihr Kleines hat sicher Verwendung dafür!

Die Küche: eine Fundgrube

Viele Küchenutensilien eignen sich zum Spielen, etwa Kochtopf und Löffel. Im Spiel setzen Kinder sich mit der Umwelt auseinander. Sie spielen nach, was sie gesehen haben, verlegen die Tätigkeit an einen anderen Ort: Gekocht wird die Suppe auf dem Küchenboden oder dem Kindertisch, der sich für den Moment in einen Herd verwandelt!

Lernen im Alltag

Einjährige räumen gern die Spülmaschine aus. Auch beim Bettenmachen wollen sie dabei sein. Begleiten Sie Ihr Tun sprachlich: »Ich schüttele die Kissen und Decken aus – hilfst du mir?« Kinder putzen und kehren gern. Beim Staubsaugen haben Sie vielleicht einen blinden Passagier … Beziehen Sie Ihr Kind beim Kochen mit ein: Es kann die Kartoffeln waschen, Gurken schneiden, Teig kneten … Ein gemeinsam geschnippelter Obstsalat schmeckt am besten – genau wie die selbst ausgestochenen Weihnachtsplätzchen (und wie die duften!). Beim Wäschesortieren wird das Kategorisieren geübt: Mamas Socken, Papas Socken, meine Socken. Mit Wäscheklammern umgehen verlangt feinmotorische Fähigkeiten. Im Garten kann Ihr Kind auch beim Umhacken oder Einpflanzen helfen.

TIPP

SPIELZEUG IM 2. UND 3. LEBENSJAHR

- Wasserball, verschiedene Bälle
- Puppe, Teddy, einige Stofftiere
- Eventuell Puppenwagen, Handpuppe, Puppengeschirr
- Bauklötze, Becher- und Ringturm
- Klopfbank, große Holzperlen
- Autos, Holzeisenbahn
- Telefon, Arztkoffer
- Puzzles, Bilder-Lotto, Bilderbücher

Spielzeug und Bastelmaterial aus der eigenen Werkstatt

Die Spielsachen und Spielmaterialien auf den folgenden Seiten können Sie teils gemeinsam mit Ihrem Kind herstellen – Ihr Kleines ist dabei Ihr aufmerksamer Helfer, das Meiste machen Sie selbst.

Spielsachen selbst gemacht

Sie können zum Beispiel die heiß geliebten Laufdosen (siehe Seite 119) natürlich auch fertig kaufen, aber wenn Sie Zeit haben, basteln Sie sie doch einfach selbst. Zwar kann Ihr Kind dabei nicht allzu viel helfen, aber es lernt vieles: »Aus so einfachen Materialien wird so ein tolles Turngerät! Und Mama (oder Papa) hat es selbst für mich gemacht!«
Einige der auf den folgenden Seiten vorgestellten Basteleien können Sie auch für die Spiele in diesem Buch verwenden. Die meisten Materialien für die Bastelideen sind in Ihrem Haushalt wahrscheinlich vorhanden. Das Rezept für einen einfach herzustellenden Bastelkleber finden Sie auf Seite 120.

Luftballonbett

- **Sie brauchen:** einen Bettüberzug, viele runde Luftballons, eventuell eine Luftballonpumpe.
- Pumpen oder blasen Sie jeden Luftballon zuerst so groß wie möglich auf. Dann lassen Sie die Luft heraus und pumpen ihn nochmals auf – etwa faustgroß. Durch das zweimalige Aufpumpen werden die Luftballons haltbarer und platzen nicht so leicht.
- Die aufgeblasenen Ballons legen Sie in den Bettüberzug. Knöpfen Sie ihn zu, und fertig ist die wacklige Liege-, Krabbel- und Laufwiese, die gut fürs Gleichgewicht ist und riesig Spaß macht!

Wurfkissen

- **Sie brauchen:** mehrere Waschlappen, Nähzeug, Füllmaterialien wie zum Beispiel ausgewaschene Kirsch- oder Aprikosenkerne, Kronkorken, Knöpfe oder getrocknete Erbsen.
- Füllen Sie die Waschlappen nicht zu prall mit den vorhandenen Füllmaterialien. Nähen Sie die Öffnung zu. Am haltbarsten werden die Säckchen, wenn Sie sie mit der Nähmaschine zunähen.
- Die Wurfkissen kann man gezielter werfen und leichter fangen als Bälle.
- **Tipp:** Eilige füllen einfach alte Baumwollsöckchen und knoten diese fest zu. Fertig ist der Wurfball!

Halbtunnel und Schaukel

- **Sie brauchen:** 2 Hula-Hoop-Reifen, eine feste Turnmatte oder eine dünne, feste Schaumstoffmatratze.
- Falten Sie die Matratze längs und streifen Sie die zwei Reifen kurz vor den Enden darüber. Durch diesen schnell gebauten »Cabrio-Tunnel« kann Ihr Kind durchkrabbeln, oder Sie können es darin schaukeln.

Eigenheim

- **Sie brauchen:** einen großen Karton (etwa von der neuen Waschmaschine), ein Messer, eventuell Fingerfarben oder Wachsmalkreiden.
- Schneiden Sie die ausklappbaren Deckelteile des Kartons ab und stellen Sie ihn mit der Öffnung nach unten auf den Boden.
- Überlegen Sie gemeinsam mit Ihrem Kind, wo die Tür seines Hauses sein soll. Schneiden Sie die Türöffnung so aus, dass die Tür geöffnet und geschlossen werden kann. Luxusvariante: eine Doppeltür!
- Das Haus braucht noch zwei Fenster – mit Fensterläden. Sie können noch einen Türgriff aus einem Sektkorken oder einer dicken Holzperle zaubern.
- Jetzt kann Ihr kleiner Baustellenhelfer ganz allein sein Haus von außen bunt anmalen.

1 Hokus, Pokus ...

2 Aus zwei mach eins!

Zauberbox

- **Sie brauchen:** eine leere Schuhschachtel mit Deckel, eventuell eine hübsche selbstklebende Folie zu Verzieren.
- Wenn Sie möchten, bekleben Sie die Schachtel mit der Selbstklebefolie. Andernfalls befestigen Sie den Deckel mit etwas Klebestreifen an der Schachtel.
- Schneiden Sie in die Mitte des Deckels ein rundes Loch – so groß, dass die Hand Ihres Kindes hindurchpasst. 1
- Nun kann es Sachen hineinstecken und wieder herausholen.
- Die Box können Sie auch für das Spiel »Zaubertüte« verwenden.
- **Tipp:** Vielleicht bastelt Ihr Kleines die Zauberbeutel (siehe Seite 82) schon ganz allein. Sie schneiden nur das Loch in den Deckel.

Mein erstes Puzzle

- **Sie brauchen:** alte Zeitschriften und Kataloge, einige alte Postkarten, Kleber.
- Suchen Sie gemeinsam aus Katalog oder Zeitschriften einige Ihrem Kind bekannte Gegenstände oder Tiere aus.
- Kleben Sie jedes Motiv auf eine Postkarte. Schneiden Sie jedes Bild einmal quer oder diagonal durch: Das erste Puzzle Ihres Kindes ist fertig. Es kann jetzt die Motive nacheinander wieder zusammensetzen. 2
- **Tipp:** Falls Sie zum Aufkleben einfache Motive (wie Teddy, Torte ...) finden, ist das Puzzle schneller fertig.
- **Und später?** Schneiden Sie die Bilder in drei bis vier Teile.
  Wichtig: Geben Sie Ihrem Kind immer nur ein Puzzle auf einmal.

Puppenbett

- **Sie brauchen:** eine leere Schuhschachtel, in der die Puppe Ihres Kindes Platz hat, selbstklebende Folie, einen Waschlappen, Füllwatte oder Watte, ein Stofftaschentuch, ein Gästehandtuch.
- Bekleben Sie die Außenseiten der Schachtel mit der Folie. Sie können die Seiten auch zusätzlich verzieren, zum Beispiel mit hübschen, flachen Knöpfen, ausgeschnittenen Fotos aus Zeitschriften, Märchenwolle ... bekleben.
- In den Waschlappen füllen Sie etwas (Füll-)Watte und nähen ihn zu: fertig ist das Kopfkissen für die Puppe.
- Das Stofftaschentuch ist Matratze und Bettlaken in einer Funktion. Sie können auch etwas Watte darunter verteilen.
- Mit dem Gästehandtuch wird die Puppe zugedeckt: »Schlaf, Kindlein, schlaf ...«

Bierdeckel-Memory

- **Sie brauchen:** selbstklebende Folie oder Tonpapier in den Farben Rot, Gelb und Blau, einen Klebestift, 6–10 gleiche, runde Bierdeckel.
- Schneiden Sie aus der Folie oder dem Tonpapier Kreise, die etwas kleiner sind als die Bierdeckel. Am leichtesten geht das, indem Sie den Kreis mit einem Zirkel aufs Papier vorzeichnen oder ein Bierglas umgedreht aufs Papier setzen und den Umriss abzeichnen.
- Von jeder Farbe der Folie oder des Tonpapiers brauchen Sie zwei Kreise. Diese kleben Sie nun auf die Bierdeckel – immer auf die gleiche Seite.
- Drehen Sie die fertigen Memory-Karten um, sodass die Farben nicht zu sehen sind. Ihr Kind darf zwei aufdecken: Sind es zwei gleiche Farben? Gewonnen! Wenn nicht, dreht es die beiden wieder um und versucht es noch einmal.
- **Und später?** Nehmen Sie noch weitere Farben hinzu. Schon schwieriger!

Ballmaschine

- **Sie brauchen:** Alufolie, Back-, Butterbrot-, Geschenk-, Pack-, Seidenpapier, alte Zeitungen.
- Schneiden oder reißen Sie aus den unterschiedlichen Materialien Stücke, die etwa DIN-A4-Größe haben. Jetzt brauchen Sie noch ein paar doppelt so große Stücke.
- Ihr Kind darf das Papier nun fest zusammenknüllen. Sie machen die Schlussarbeit und formen die Knäuel zu festen Bällen.
- Die Bälle können Sie zum Beispiel für die »Apfelernte« von Seite 73 verwenden. Für das Befühlen unterschiedlicher Oberflächen eignen sie sich auch.
- **Tipp:** Vielleicht möchte Ihr Kind die Kugeln in seine Zauberbox (linke Seite) stecken oder eine schöne Schachtel zum Aufbewahren basteln.

1 Ballons mit »Innenleben«.

Zauberballons

- **Sie brauchen:** Luftballons, Füllmaterial wie Reis, getrocknete Erbsen, Salz, ein kleines Glöckchen.
- Füllen Sie jeweils 1–2 Esslöffel eines Füllmaterials in einen Luftballon. Blasen Sie ihn dann auf und knoten ihn zu. Macht tolle Geräusche! 1
- Schieben Sie vorsichtig das kleine Glöckchen in einen Luftballon und blasen ihn auf. Zuknoten – fertig ist das Musikinstrument!
- Blasen Sie einen durchscheinenden Luftballon gut auf und lassen die Luft dann wieder heraus.
- Schieben Sie anschließend einen dunkleren Luftballon in den durchscheinenden. Blasen Sie ihn etwas auf – das geht! – und knoten ihn zu. Dann nur noch den äußeren Ballon aufblasen.
- Ein faszinierendes Spielzeug: ein Ballon im Ballon!

Wurfbox

- **Sie brauchen:** eine leere Schuhschachtel mit Deckel, als Wurfobjekte einige Holzperlen, drei- und viereckige Bauklötze; eventuell selbstklebende Folie.
- Wenn Sie möchten, verschönern Sie die Schachtel rundum mit der selbstklebenden Folie.
- Schneiden Sie in den Deckel ein rundes, ein viereckiges und ein dreieckiges Loch, jeweils etwas größer als die entsprechenden Wurfobjekte.
- Ihr Kind kann Ihnen beim Basteln ausnahmsweise gar nicht helfen. Beziehen Sie es deshalb besonders intensiv in Ihre Überlegungen ein: »Was meinst Du, dieses Loch muss etwas größer sein, sonst passt die Perle nicht rein ...«

Wichtig: Wurfboxen, die Sie im Spielzeughandel kaufen können, haben oft bis zu zehn unterschiedliche Formöffnungen: eine Überforderung für zweijährige Kinder. Da Ihr Kind die Erfahrung macht »Das kann ich nicht«, vergeht die Spiellust schnell wieder!

Mini-Zauberschachteln

- **Sie brauchen:** einige leere Streichholzschachteln zum Aufschieben, selbstklebende Folie oder Filz und Kleber.
- Verzieren Sie die Schachteln entweder mit der Folie oder dem Filz – fertig sind die Zauberschachteln für das Fingergeschicklichkeitsspiel von Seite 89.
- **Tipp:** Aus 24 bunten Streichholzschachteln lässt sich ein schöner Adventskalender basteln: einfach alle Schachteln mit Zahlen von 1 bis 24 versehen, an verschieden lange Bändchen hängen und nebeneinander an einem Zweig oder Stab befestigen. Die Schachteln können Sie schon im November nach und nach mit Ihrem Kind basteln.

Laufdosen

- **Sie brauchen:** zwei leere, stabile, breite Blechdosen (ohne Deckel), ein längeres Stück feste Schnur, einen Milchdosenpikser (oder Hammer und Nagel), Isolierband, eventuell selbstklebende Folie oder Filz und Kleber.
- Stechen Sie etwa einen Zentimeter oberhalb des Dosenbodens ein Loch durchs Metall, sodass die Schnur hindurchpasst. Auf der gegenüberliegenden Seite verfahren Sie ebenso.
- Die Schnur wird nun von außen durch eines der Löcher gefädelt und innen dick verknotet.
- Zum Abmessen der Schnurlänge brauchen Sie Ihr Kind: Es stellt sich auf beide Dosen und hält die Schnur so, dass es sie gut greifen und straff halten kann. Nehmen Sie nun gut das Doppelte der ermittelten Schnurlänge und fädeln Sie das andere Ende durch das zweite Loch.
- Bevor Sie das zweite Schnurende fest verknoten, sollten Sie und Ihr Kind noch einmal die Länge testen.
- Falls die inneren Schneidekanten der Dosen scharf sind, überkleben Sie sie mit dem Isolierband. Beim Laufen 2 stören diese Kanten natürlich nicht, aber beim Aufräumen des Spielgerätes könnte sich Ihr Dosenläufer an den Fingern verletzen.
- Sie können die Dosen natürlich mit selbstklebender Folie oder buntem Filz verschönern. Aber vielleicht läuft Ihr Kind auch lieber mit Original-Sauerkrautdosen!

2 Jetzt geht's ans Eingemachte!

Rezepte für Bastelmaterial

Wo begeistert gespielt und gebastelt wird, fällt auch einiges an Material an. Aber (lösemittelfreier) Kleber aus der Tube, ungiftige Fingerfarben oder Knetmasse aus dem alternativen Spielzeugladen sind nicht gerade billig. Auf diesen beiden Seiten finden Sie deshalb vier einfache Rezepte, die in Ihrer »Bastelküche« bestimmt bald zu Klassikern werden. Auch für die Spiele in diesem Buch können Sie sie vielfach verwenden.
Lassen Sie Ihr Kind bei der Herstellung zusehen, und erklären Sie, was Sie gerade tun. Dann ist es bestimmt stolz: »Mama und ich haben selbst Fingerfarben gemacht!«

Kleber

- **Sie brauchen:** eine Packung Tapetenkleister, einen Schneebesen, Wasser, eine Plastikdose mit Deckel zum Anrühren und Aufbewahren des Klebers.
- Rühren Sie nach der Packungsanleitung den Kleister mit dem Schneebesen klümpchenfrei an, allerdings mit etwas mehr Wasser als angegeben.
- Schon ist der selbst hergestellte Kleber fertig – in der verschließbaren Plastikdose können Sie ihn lange aufbewahren (was bei dem hohem Bedarf allerdings kaum nötig sein wird!).

Tipp: Rühren Sie eventuell immer nur einen Teil des Packungsinhaltes auf einmal an. Mit der Zeit werden Sie Ihren Bedarf kennen.

Fingerfarben

- **Sie brauchen:** eine Packung Tapetenkleister, Wasser, Lebensmittelfarben, kleine verschließbare Plastikbehälter oder kleine Marmeladengläser mit weiter Öffnung.
- Fertigen Sie den Kleister nach der Anleitung links an, diesmal aber etwas dickflüssiger, also mit etwas weniger Wasser als auf der Packung angegeben.
- Gehen Sie beim Anrühren portionsweise vor: Rühren Sie etwas Lebensmittelfarbe (Menge je nach gewünschter Farbintensität) in die Wassermenge für eine Portion ein und mischen Sie das farbige Wasser mit der entsprechenden Menge Pulver.
- Geben Sie jede Farbe in einen der Behälter.
- **Tipp:** Geben Sie Ihrem Kind die Farben auf Marmeladeglasdeckeln zum Malen – jeweils einen Klecks –, so vermischen sich die Farben nicht in den Behältern.
- **Variante:** Etwas kräftigere und nicht so glitschige Fingerfarben ergeben folgende Zutaten: 1 Tasse Mehl, knapp 1 Tasse Wasser, etwas Zitronensaft, 1 EL Öl und etwas Lebensmittelfarbe. Gut durchmischen.

Knetmasse für die Kleinsten

- **Sie brauchen:** 425 g Mehl, 125 ml Öl, 125 ml Wasser, Lebensmittelfarbe.
- Lösen Sie die Lebensmittelfarbe im Wasser auf.
- Kneten Sie alles gut durch. Falls nötig, geben Sie etwas mehr Wasser dazu.
- Für die Jüngsten gut geeignet, die noch vieles in den Mund nehmen. Bewahren Sie sie in einem Schraubglas im Kühlschrank auf. Kneten Sie sie vor jedem Einsatz gut durch.

Salzteig

- **Sie brauchen:** 2 Tassen Mehl, 1 Tasse Salz, etwas neutrales Speiseöl, Wasser.
- Mischen Sie Mehl und Salz gut miteinander und fügen Sie so viel Wasser hinzu, dass der Teig griffig und fest wird. Kneten sie noch ein wenig Öl unter.

Zauberknete

- **Sie brauchen:** 100 g Salz, 400 g Mehl, 2 EL Alaunpulver (Apotheke), 4 EL Öl, Lebensmittelfarbe, 400 ml Wasser.
- Vermischen Sie Salz und Mehl gut.
- Bringen Sie das Wasser mit Öl, Alaun und einer Lebensmittelfarbe zum Kochen.
- Nehmen Sie die Flüssigkeit von der Kochstelle und rühren die Salz-Mehl-Mischung unter.
- Arbeiten Sie alles rasch gut durch, bis der Teig sich zu einem Kloß zusammenballt und sich vom Topfboden löst.
- Danach nochmals mit einem Handrührgerät mit Knethaken gut durchkneten.
- Hält sich etwa ein Jahr lang in einem Marmeladenglas im Kühlschrank.
- **Tipp:** Später können Sie Knetmasse in unterschiedlichen Farben herstellen.

Tolle Materialien für jeden Tag – ganz einfach hergestellt.

Bücher, die weiterhelfen

> **Arens, Ulla:** *Offenheit und Scham in der Familie. Wie Eltern und Kinder unbefangen miteinander umgehen.* Ariston

> **Braun, Gisela; Wolters, Dorothee:** *Das große und das kleine NEIN.* Verlag an der Ruhr

> **Erlbuch, Wolf:** *Das Bärenwunder.* Hammer

> **Fägerström, Grethe; Hansson, Gunilla:** *Ida, Peter und Minimum.* Ravensburger Buchverlag

> **Kalwitzki, Sabine; Ginsbach, Julia:** *Du schaffst das schon! Geschichten, die mutig machen.* Loewe Verlag

> **Kreusch-Jacob, Dorothee,** *Musik macht klug.* Kösel

> **Langen, Annette; Sönnichsen, Imke:** *Die kleine Motzkuh.* Coppenrath Verlag

> **Mc Bratney, Sam; Jeram, Anita:** *Weißt du eigentlich, wie lieb ich dich hab?* Sauerländer

> **Mebes, Marion:** *Kein Küsschen auf Kommando.* Mebes & Noack

> **Mebes, Marion; Sandrock, Lydia:** *Kein Anfassen auf Kommando.* Mebes & Noack

> **Moost, Neele; Schober, Michael:** Welcher Po passt auf dieses Klo? Esslinger Verlag

> **Schwarz, Britta; Tophoven, Manfred:** *Das kleine Wutmonster.* Betz Verlag, Wien

> **Steele, Philip; Forsey, Chris; Göhrmann, Sabine:** *Warum? Tessloffs schlaues Antwortbuch.* Tessloff Verlag

Bücher aus dem GRÄFE UND UNZER VERLAG

> **Kunze, Petra; Salamander, Catharina:** *Die schönsten Rituale für Kinder*

> **Nitsch, Cornelia; Hüther, Prof. Dr. Gerald:** *Kinder gezielt fördern*

> **Nitsch, Cornelia:** *Der Elternführerschein*

> **Pulkkinen, Anne:** *PEKiP: Babys spielerisch fördern*

> **Stamer-Brandt, Petra; Murphy-Witt, Monika:** *Das Erziehungs-ABC. Von Angst bis Zorn*

Adressen, die weiterhelfen

> **PEKiP e. V.**
Am Böllert 7
47269 Duisburg
E-Mail: pekip@t-online.de
www.pekip.de
Hier erfahren Sie, wo es in Ihrer Nähe PEKiP-Gruppen fürs 1. Lebensjahr gibt (Deutschland, Österreich, Schweiz) und bekommen Infos zur Fortbildung »PEKiP-Gruppenleiter«.
PEKiP® ist ein eingetragenes Warenzeichen und gesetzlich geschützt. PEKiP-Gruppen können nur von ausgebildeten Gruppenleiterinnen mit PEKiP®-Zertifikat durchgeführt werden.

> **Bundesarbeitsgemeinschaft Elterninitiativen (BAGE) e. V.**
Einsteinstraße 111
81675 München
www.bage.de

> **Bundeszentrale für gesundheitliche Aufklärung**
Ostmerheimer Straße 220
51109 Köln
www.bzga.de
(Broschüre: *Sicherheitsfibel. Ratgeber zur Verhütung von Kinderunfällen)*

> **Verzeichnis der Erziehungsberatungsstellen:**
www.bke.de/eb-katalog.htm

Sachregister

Spiel- und Bewegungsanregungen

Spielzeug und Bastelmaterialien selbst gemacht

Impressum

Programmleitung:
Ulrich Ehrlenspiel

Redaktion: Silvia Herzog

Lektorat: Barbara Kohl

Bildredaktion:
Henrike Schechter

Umschlaggestaltung und Innenlayout:
independent Medien-Design

Herstellung: Petra Roth

Satz: Dorothee Griesbeck,
Die Buchmacher, München

Lithos: Repro Ludwig,
Zell am See
Druck: Appl, Wemding
Bindung: Sellier, Freising

Dank
Herzlichen Dank an Gertrud Scherer (PEKiP-Gründerin) für die fachliche Unterstützung, an Silvia Herzog, Ulrich Ehrlenspiel und Barbara Kohl für die gute Zusammenarbeit seitens des Verlages, an Sandra Seckinger und ihr Team, sowie an alle Models – besonders die Kinder – für die liebevollen Fotos. Ganz besonders danke ich meinem Mann Hans für seine tatkräftige Unterstützung und unseren Kindern, Mia und Jonas, für die schönen Erinnerungen an die Kleinkindzeit.

ISBN (10) 3-7742-8883-6
ISBN (13) 978-3-7742-8883-6

Auflage	5.	4.	3.	2.	1.
Jahr	2010	09	08	07	06

Fotoproduktion:
Sandra Seckinger

Weitere Fotos:
Digital Vision: S. 40; Getty: S.14, 30; GU: S. 8, 16 (A. Anders); Jako-o: S. 61; Mauritius: S. 6, 33, 90; Picture Press: S. 2, 12, 26; Stills-online: S. 81; Zefa: S. 69

Die GU-Homepage finden Sie unter www.gu-online.de
Umwelthinweis: Dieses Buch wurde auf chlorfrei gebleichtem Papier gedruckt. Um Rohstoffe zu sparen, haben wir auf Folienverpackung verzichtet.

DAS ORIGINAL MIT GARANTIE

Ihre Meinung ist uns wichtig. Deshalb möchten wir Ihre Kritik, gerne aber auch Ihr Lob erfahren. Um als führender Ratgeberverlag für Sie noch besser zu werden. Darum: Schreiben Sie uns! Wir freuen uns auf Ihre Post und wünschen Ihnen viel Spaß mit Ihrem GU-Ratgeber.

Unsere Garantie: Sollte ein GU-Ratgeber einmal einen Fehler enthalten, schicken Sie uns das Buch mit einem kleinen Hinweis und der Quittung innerhalb von sechs Monaten nach dem Kauf zurück. Wir tauschen Ihnen den GU-Ratgeber gegen einen anderen zum gleichen oder einem ähnlichen Thema um.

GRÄFE UND UNZER VERLAG
Redaktion Partnerschaft & Familie
Postfach 86 03 25
81630 München
Fax: 089/41981-113
E-Mail: leserservice@graefe-und-unzer.de

WICHTIGER HINWEIS

Alle Ratschläge und Anleitungen in diesem Buch wurden von der Autorin sorgfältig recherchiert und in der Praxis erprobt. Dennoch können weder Autorin noch Verlag für eventuelle Nachteile oder Schäden, die aus den im Buch gegebenen praktischen Hinweisen resultieren, eine Haftung übernehmen.

GRÄFE UND UNZER
Ein Unternehmen der
GANSKE VERLAGSGRUPPE

GU RATGEBER KINDER

Zuverlässige Begleiter für alle Eltern

ISBN (10) 3-7742-7418-5
ISBN (13) 978-3-7742-7418-1
128 Seiten | € 12,90 [D]

ISBN (10) 3-7742-8884-4
ISBN (13) 978-3-7742-8884-3
128 Seiten | € 12,90 [D]

ISBN (10) 3-7742-6585-2
ISBN (13) 978-3-7742-6585-1
128 Seiten | € 12,90 [D]

ISBN (10) 3-7742-6433-3
ISBN (13) 978-3-7742-6433-5
128 Seiten | € 12,90 [D]

Optimale Pflege, Förderung und Erziehung für Ihr Kind von Anfang an: Diese Ratgeber stehen Ihnen mit Rat und Tat zur Seite – kompetent, einfühlsam und praxisnah.

WEITERE LIEFERBARE TITEL:

- Hausmittel für Kinder
- Die schönsten Rituale für Kinder
- Das Erziehungs-ABC – Von Angst bis Zorn

GU

Willkommen im Leben.

Das Wichtigste auf einen Blick

SPIELEN OHNE LEISTUNGSDRUCK!

Die Spiele und Anregungen in diesem Buch unterstützen Ihr Kind dabei, seine körperlichen, geistigen und sozialen Fähigkeiten zu entfalten und zunehmend selbstständiger zu werden. Sie sind aber nicht dazu da, seine Entwicklung zu beschleunigen – jedes Kind hat sein eigenes Tempo. Ihr Kind und Sie sollen an den gemeinsamen Spielzeiten vor allem Spaß haben und sie genießen!

MAL RUHIG, MAL WILD

Sich austoben, Gas geben, mal so richtig wild sein und sich ausschütten vor Lachen – aber auch wieder runterkommen, sich entspannen, ruhige Momente genießen: All das gibt es bei den zahlreichen Spiel- und Bewegungsanregungen, Liedern und Reimen in diesem Buch.

DER FREUNDESKREIS IHRES KINDES WÄCHST

Im zweiten und dritten Jahr können Sie mehr und mehr andere Kinder und auch deren Eltern in die Spiele einbeziehen. Ebenso wichtig sind für Ihr Kind aber nach wie vor die Spielzeiten im vertrautesten Kreis: mit Mama oder Papa – und gerne auch mal mit beiden.